당신의 친절이

당신을 함부로 대하게 한다!

남들이 나를 함부로 하지 못하게 하라

你的善良必须有点锋芒 2

Your goodness must have some edge to it 2.

Original Chinese language edition published by Beijing Mediatime Books Co.,Ltd
Copyright ⓒ 2019 by 慕颜歌
All Rights Reserved.

Korean copyright ⓒ 2020 by Sam & Parkers Co.,Ltd.
Korean language edition arranged with Beijing Mediatime Books Co.,Ltd
through Linking-Asia International Co.,Ltd

당신의 친절이 당신을 함부로 대하게 한다!

남들이 나를
함부로 하지 못하게 하라

무옌거 지음 | 최인애 옮김

모두에게 사랑받으려다
호구 되지 말 것

〜〜〜〜〜〜〜〜 사람들은 당신에게 도움을 청하는 것을 우정의 표식으로 여긴다. 친구니까 도와달라는 말도 할 수 있다는 것이다. 하지만 그렇지 않다. 당신의 착한 성격, 거절하지 못하는 성격을 이용하려는 것뿐이다.

믿지 못하겠다면 시험해보라. 도와달라고 할 때 거절하면 된다. 만약 당신이 거절하는 순간, 그들의 얼굴에 드리워져 있던 미소가 사라지고 "이런 사람인 줄 몰랐어."라는 말이 나온다면 100퍼센트다. 그 후로 당신을 곤란하게 하거나 괴롭힌다면 더 볼 것도 없다. 선량함에 거절하지 못하는 '태도'가 더해지면 사는 게 고달파진다. 나쁜 사람들이 그 약점을 놓치지 않고 무자비하게 파고들 테니 말이다.

지나치게 나약하고 제 목소리를 내지 못하는 사람은 먹잇 감이 될 수밖에 없다. 지나치게 착하다는 것은 호구라는 뜻이 다. 내 친구 중에 직장동료의 부탁을 거절하지 못해 고민하는 친구가 있었다. 나와 깊은 대화를 나눈 후 친구는 처음으로 동 료의 부탁을 거절했다. 아주 조심스럽게 이렇게 말했다.

"미안해요. 나도 일이 많아서 못 도와주겠어요."

그러자 그 동료가 억지 미소를 지으며 말했다.

"에이, 별일도 아닌데 조금만 도와줘요. 잠깐만 시간 내면 금방 끝낼 일이잖아요."

"미안한데 정말로 시간이 없어요."

"겨우 이 정도 일도 못 도와준다니 너무하네요, 동료끼리."

"그럼 왜 제 일은 안 도와주세요? 동료끼리?"

친구가 이렇게 반박하자 동료는 우물쭈물하다가 결국 잔뜩 화가 난 얼굴로 가버렸다. 그날 이후, 그 동료는 더는 이런저 런 부탁으로 친구를 괴롭히지 않았다. 친구의 직장 생활 역시 훨씬 편하고 쾌적해졌다.

너무 착해서 누구에게든 잘한다는 뜻의 '무골호인無骨好人' 같은 선량함은 버려야 한다. 내가 이 책을 통해 하고 싶은 말 은 착한 사람이 얼마나 큰 고통을 겪는지가 아니다. 그보다는 이들이 거절할 용기를 내는 대신 자신의 상처를 끌어안는 길을 택하는 이유에 대해 이야기하려 한다. 원인을 알아야 악인들에게 대처할 수 있기 때문이다. 대체 무슨 이유로 이들은 맞서 싸우기보다 우울과 상처를 내버려두는 길을 택할까? 왜 이들은 절망감에 묶여 스스로 행동할 가능성을 제한할까?

사실 절망한 후에 기존의 상황을 운명으로 받아들이는 것은 정상적일 뿐 아니라 자주 보이는 행동 반응이다. 인간은 유한한 인생을 살기 때문에 속도를 중시하는 쪽으로 발달했다. 비슷한 문제들을 해결하는 고정된 반응모델을 대뇌에 설정해둔다는 뜻이다. 영상을 훨씬 잘 기억하고, 모든 것을 규칙화시키는 것도 다 같은 이유에서다.

문제가 생기면 처음에는 여러 가지 방법을 시도해본다. 그러나 시간은 제한적이고, 무의미한 일에 시간을 소모하는 것은 비효율적이므로 별다른 진전이 없으면 노력을 멈춘다. 일종의 손실 방지 임계점에 도달하는 셈이다. 즉, 더 노력해도 실패할 확률이 50퍼센트 이상이라는 판단이 내려지면 상황을 받아들인다. 물론 이렇게 되기까지 상황을 변화시킬 시도를 단 한 번만 해보는 것은 아니다. 재차 삼차, 그 이상으로 여러 번 시도했는데도 돌파구가 보이지 않으면 포기한다.

한 번 한계에 부딪혔을 때 이를 뛰어넘겠다고 또다시 애쓰는 사람은 많지 않다. 본능적인 생존 전략과 맞지 않기 때문이다. 문제는 스스로 설정한 이 한계가 평생 그림자처럼 따라다닌다는 점이다. 지금 당장 나를 힘들게 하는 상처의 근원에는 아주 오래된 상처가 있다.

이렇게 오래된 상처는 안타깝지만 치유할 방법이 없다. 오랫동안 받아온 고통이 대뇌의 신경세포를 변화시키고, 긴 세월에 걸쳐 굳어진 인간관계가 우리의 행동방식을 이미 결정지어버렸기 때문이다. 프로이트가 어린 시절의 트라우마를 강조한 까닭도 이 때문이다. 어린 시절 다리 한 짝을 잃은 사람이 평생 장애인으로 살 수밖에 없는 것과 같은 이치다. 언제까지든, 몇 살이 되든 이러한 상태는 변하지 않는다.

지나치게 착한 사람들의 삶을 자세히 들여다보면 성장과정에서 엄청난 상처를 받으면서 아무 도움도 받지 못했거나 심지어 더 큰 상해를 입은 경험이 있다.

한 여자아이는 학교에서 괴롭힘당했다고 부모에게 이야기했다가 흠씬 두들겨 맞았다. 가족들을 쪽팔리게 했다는 이유에서였다. 한 아이는 집안일을 하다 다쳤는데, 아이의 아버지는 게으름을 피우려고 일부러 다친 게 아니냐며 아이에게 벌을 주었다. 배우자가 외도했으며 이혼을 준비하고 있다는 사실을 불치병을 얻은 뒤에야 알게 된 사람도 있다.

이런 일들을 지속적으로 경험한 사람은 자신에게 상처 주는 것들에서 벗어날 의지와 가능성을 완전히 상실한다. 가해자는 대개 나이나 체격, 도덕적 명분 등 수많은 면에서 이들보다 우위를 점하고 있다. 그런 가해자에게 정신적, 신체적 위협과 모욕을 받으면 이들은 외부에 도움을 구할 수도, 스스로 구할 수도 없는 지경에 놓인다.

심리적 붕괴의 가장 주된 원인은 자기기대Self expectation와 실제 행동이 심각하게 충돌하는 데 있다. 자기 자신을 포기하는 순간, 자기기대가 완전히 사라진다. 이런 상태에서는 타협과 자해, 자살 등이 손쉬운 해결방법으로 보인다.

이들은 변화하거나 탈출할 기회가 코앞까지 와도 못 본 척한다. 현재의 고통에 대항하거나 탈출하는 과정이 훨씬 더 고통스러울 게 분명하기 때문이다. 어차피 똑같이 고통을 겪어야 한다면 그나마 덜 격렬하고 익숙한 지금의 고통을 선택하겠다는 게 이들의 생각이다. 그렇기에 절망에 빠진 사람이 갑자기 깨닫고, 주도적으로 무언가를 시도하기를 바라는 것은 한여름 밤의 꿈처럼 터무니없는 이야기다.

절망과 무력감이 삶의 곳곳에 침투하면 어떤 일에도 의미와 가치를 느끼지 못하며, '더 이상 살아봤자 아무 소용없다.'는 허무감에 사로잡히기 쉽다. 신체적, 정신적으로 학대받는 사람은 대개 인격적 모욕도 함께 받기 마련이다. 가해자는 고의적으로, 혹은 자신의 폭력을 정당화하기 위해 무의식적으로 피해자의 인격을 모욕하고 폄훼하며 부정한다. 지속적으로 인격적 손상을 입은 피해자는 결국 현재의 고통을 자초했다고 여기게 된다. 그 결과 타협과 굴복을 당연하게 받아들이며 심지어 자신을 쓸모없는 사람이라고 단정 짓는다.

일례로 남존여비 사상이 강한 집안에서 자란 여자는 타고난 성별부터 철저히 부정당하는 경험을 한다. 이런 상황에서 피해자가 느낄 수 있는 유일한 감정은 자신이 불행의 원흉이라는 죄책감뿐이다. 십여 년간 온 가족에게 모욕받으며 자란 한 여성은 성인이 된 후에도 집에 무슨 일이 생기면 전부 자기 잘못이라는 생각에 시달린다. 그러나 그녀와 달리 어려서부터 부모의 사랑을 듬뿍 받고 자란 자매들은 자기 잘못으로 생긴 일도 남의 탓으로 돌린다. 차별이 만들어낸 차이가 이토록 크다.

자신과 환경에 대한 통제력을 완전히 잃은 사람은 심각한 심리적 병에 시달린다. 이들은 소심하고 나약하며 폐쇄적이다. 또한 세상의 온갖 불공정함, 괴롭힘에 직면했을 때 그런 상황에서 스스로 빠져나오지 못한다. 자신의 운명을 스스로 이끌어갈 수 없는 처지에 있다 보니 우울감도 매우 높다. 가정환경이 중요하다는 말도, 어린 시절의 트라우마가 평생을 좌우한다는 이론도 모두 맞는 말이다. 아무 노력도 하지 않으면서 상황이 바뀌기를 바라는 사람, 자신을 지나치게 희생하는 사람은 모두가 하나같이 '절망한 게으름뱅이'다.

이들 피해자는 심리적 그림자에서 벗어날 수 있을까? 이론적으로는 가능하다(이론적이라고 조건을 단 이유는 대개의 경우 피해자가 다음의 조건들을 모두 갖추기 어렵기 때문이다). 가해자와 철저히 분리되어 가해자가 다시는 접근하지 못하도록 한 뒤, 안전한 환경에서 새로운 문제해결 방법을 배우면 된다. 이렇게 하면 피해자가 삶의 의지를 회복할 가능성이 높아진다. 여기서 핵심은 가해자와 철저히 분리된 후 적절한 도움을 제공받는 것이다. 피해자가 더는 상처받지 않게 하는 것만으로는 부족하다.

그러나 피해자 모두가 가해자와 분리될 수 있는 것은 아니다. 조건적으로 그럴 수 없는 경우가 훨씬 많다. 만약 지금 당장 안전한 환경으로 옮겨가거나 그런 상태를 만들 수 없는 상황이라면 어떻게 해야 할까? 가장 좋은 방법은 책을 많이 읽고, 돈을 많이 버는 것이다. 사실 이런 제안은 장기간 절망에 빠져 나약할 대로 나약하진 사람에게는 아무 소용없다. 가장 극렬한 방식으로 저항하지 않는 이상, 가해자가 피해자의 노력과 의지를 철저히 막을 것이기 때문이다.

이 책을 쓴 이유가 바로 여기에 있다. 아무 도움도 받지 못하고 늘 혼자라고 느끼는 사람에게, 홀로 싸우다 지쳐버린 피해자에게 아직 희망이 있다고 말하고 싶다. 원칙이 없는 착함, 거절할 줄 모르는 선량함은 독이다. 당신을 괴롭히는 사람은 결코 좋은 사람이 아니며, 진정한 친구는 더더욱 아니다. 이 점을 반드시 기억해야 한다. 이 책을 읽는 독자 모두가 합리적으로 거절하고, 적절히 대항하는 힘을 얻을 수 있기를 간절히 바란다.

노력하지 않고 상황이 나아지기를 바라는 사람,
자신을 지나치게 희생하는 사람은 하나같이
'절망한 게으름뱅이'다.

착하다고 해서 모두를 책임질 필요는 없다.
절망적인 순간에도 희망을 잃어선 안 된다.
나 자신만 굳건하다면 스스로 구할 수 있다.

Chapter 1

보자 보자 하니까!

사람들이 당신을 오해하는 것은
이해하고 싶지 않기 때문이다.
그런 것이라면 굳이 그들을
이해시키고 오해를 풀 필요가 있을까?
신경 끄고 상대하지 않는
'치지도외置之度外'의 전략으로 일관하라.

물렁물렁하니까
물로 보이니?

━━━━━━━━━━━━━ 어느 퇴근길이었다. 점심도 거를 만큼 바쁜 날이었다. 온종일 격무에 시달린 탓에 지하철에 탈 때쯤 나는 이미 파김치가 된 상태였다. 마침 자리가 나서 앉자마자 정신없이 졸기 시작했다. 한참 달게 자고 있는데 갑자기 누가 툭툭 쳤다. 고개를 들자 50대 아주머니가 싸늘한 표정으로 나를 내려다보고 있었다.

"아가씨, 저기 노인 분이 서 계시는 거 안 보여요?"

아주머니의 손가락이 향한 곳에는 70대로 보이는 할아버지 한 분이 서 있었다. 아직 잠에서 덜 깬 상태였던 나는 당황해서 뭉그적대며 일어설 채비를 했다. 그런데 그새를 못 기다리고 아주머니가 또다시 내 어깨를 쳤다. "젊은 사람이 지하철에서 졸기나 하고 말이야. 노약자 배려할 줄 몰라요?"

보자 보자 하니까!

슬슬 기분이 나빠졌지만 어쨌든 자리에서 일어나며 아주머니에게 사과했다. "죄송해요. 오늘은 너무 피곤해서 미처 주변을 돌아보지 못했네요."

하지만 아주머니는 눈을 치켜뜨며 기어코 한마디를 더했다. "젊은 사람이 피곤하긴 뭐가 피곤해? 그리고 노인한테 자리 양보하는 건 기본 상식 아닌가? 자기는 영영 안 늙을 줄 아나 봐. 하긴, 내 나이 되어봐야 알지."

결국 나도 참지 못하고 내뱉었다.

"젊은 사람이 양보해드리면 어르신들도 젊은 사람들 좀 이해해주세요. 온종일 진 빠지게 일했는데 젊다고 안 피곤할까요? 지하철에서 잠깐 앉지도 못해요?"

사람과 사람 사이의 상호의존은 평등한 교환이 전제되어야 한다. 예를 들어 나는 배를 가졌고 상대는 사과를 가졌다고 해보자. 상대가 가진 사과가 먹고 싶다면 먼저 협상을 해야 한다. 즉, 배와 사과를 어떻게 교환할지 논의하고 서로 의견이 합치되면 그에 따라 바꾸면 된다. 그런데 평등 개념이 없는 사회에서는 상대가 원하든 원하지 않든 무조건 배를 건네준 뒤 사과를 내놓으라는 식으로 변질되는 경우가 많다.

평등 개념이 없으면 계약 정신이 없고, 계약 정신이 없으면 자립정신도 없다. 공평은 더더욱 논할 수 없는 문제다. 서로를 이해하기란 더욱 불가능하다. 예를 들어 어떤 여자는 자신이 살림과 육아를 도맡아서 고생하고 있으니, 남자에게 평생 충분한 사랑과 금전적 지원을 받아야 마땅하다고 믿는다. 그런가 하면 어떤 남자는 자신이 가장이니까 가정을 자기 뜻대로 이끄는 게 옳다고 생각한다. 또한 여자란 별것 아닌 일에도 호들갑을 떨기 마련이니 모든 일을 아내와 의논할 필요가 없다고 여긴다. 결과적으로 두 사람은 갈수록 멀어진다. 돌아올 수 없을 만큼 멀리, 아주 멀리.

한 연구에 따르면 자신보다 타인을 기준으로 사는 사람은 눈에 보이지 않는 사회적 압력에 굴복하기 쉽다고 한다. 이들은 사탕을 먹을 때도 친구가 어떤 사탕을 몇 개나 먹는지를 보고 그에 맞춰 자신이 먹을 사탕의 종류와 개수를 조절한다. 자신의 행동 때문에 친구가 불편함을 느끼지 않게 하기 위해서다. 즉, 자기 자신보다 타인의 기분을 더욱 중요하게 여긴다는 것이다. 만약 당신이 여태껏 모두와 잘 지내기 위해 무진장 노력했는데도 인정은커녕 무시만 당했다면, 이제는 자신이 해야 할 말은 확실히 하는 사람임을 증명해보는 것은 어떨까?

선량함을 말하고 싶다면 먼저 공평함부터 따져야 한다. 만약 상대에게 선량하기를 요구하면서 정작 자신은 그렇게 하지 못한다면, 그러면서 상대가 은혜를 모른다고 분개하려면 차라리 선량함을 입에 올리지 마라. 남이 힘든 것, 고생스러운 것은 전혀 배려하지 않으면서 자신은 배려받을 수 있기를 바라지도 마라.

만약 당신이 정말 선량한 사람이라면 당신을 이해해주지 않는 사람들을 떠나라. 만약 그들이 당신에게 선량하기를 요구한다면 악인으로 위장하라. 그들 사이에서 홀로 선량함을 지키기 위해 고군분투할 이유가 전혀 없다.

이해하며 살라고?
개뼈다귀 같은 소리!

〜〜〜〜〜〜〜〜〜 어떤 여자가 소개팅을 나갔는데, 상대
는 박사였다. 여자가 남자에게 물었다. "30살이라고 하셨는데
지금까지 돈은 얼마나 모으셨어요?" 그러자 남자는 아무 대답
없이 일어나 식사를 계산하고 나가버렸다.

사실 남자에게 이는 매우 민감한 화제다. 이런 질문을 했
다는 것만으로도 상대에게 부정적인 인상을 주거나 심지어 모
욕감을 줄 수 있다. 그렇지 않더라도 이런 질문을 달갑게 여길
남자는 없을 것이다. 보통 박사 과정까지 이수한 사람은 힘든
일을 잘 참고 견딜 줄 아는 편이다. 그 역시 그랬고, 그 덕에
지도교수의 '개인 자산'으로 콕 찍혀서 졸업이 몇 번이나 미뤄
진 사정이 있었다.

그에게는 한 가지 어려움이 더 있었다. 집안이 매우 어려웠

던 것이다. 이런 사람들은 저마다 짐을 짊어지고 있다. 형제자매를 도와야 한다든가, 부모가 아프다든가, 혹은 부모가 부모답지 않게 엉망진창이라든가…. 그 역시 비슷한 사정이 있었고, 빨리 졸업하고 싶은 마음이 굴뚝같았다. 그런데 바람과 달리 졸업이 계속 미뤄지자 자신이 멍청한 것은 아닌지 늘 의심했다. 알고 보니 지도교수가 그를 졸업시키지 않은 이유는 그의 능력이 부족했거나 그를 특별히 신임해서가 아니었다. 그가 다른 사람보다 훨씬 간절하게 그 학위를 바랐기 때문이었다. 지도교수는 그런 '약점'을 이용해서 그를 얕잡아보고 계속 붙들어둔 것이다.

"맹목적인 용서와 동정은 악에 대한 허용이요, 선에 대한 모독이다."라는 말이 있다. 맞는 말이다. 그러나 아직도 많은 이가 어떻게든 안전지대에 머물며 일말의 안정감이라도 지키려고 애쓴다. 그러다 다른 사람에게 밀려 퇴로가 끊기고 옴짝달싹하지 못하게 돼서야 비로소 맞서 싸워야 하나 고민한다. 너무 착한 나머지 지도교수에게 말 한마디 못하고 끌려다닌 이 박사처럼 말이다.

좌절을 겪어야 마음의 그릇이 커진다는 말이 있다. 시간이 가장 좋은 약이라고도 한다. 사실 영양가 없는 '개뼈다귀 같은 소리'다. 미래가 보이지 않는 삶을 살면서 스스로 '화려한 욜로 족'이라고 말하는 사람에게 혐오감을 느끼지 않는가?

에세이 몇 줄 읽고 인생이 한결 편안해졌다고 말하는 사람도 많다. 예전처럼 상사에게 욕먹고 아내에게 원망을 들어도 그전만큼 화나지 않는다고 한다. 동료에게 뒤통수를 맞거나 친구가 속여도 '그러려니.' 하며 넘기게 됐다고 한다. 그들은 스스로 말한다. 세속의 삶 때문에 지나치게 고민할 필요도 없고, 장밋빛 인생을 위해 몸부림칠 이유도 없다고.

그러나 사실 이는 모두 게으른 자의 핑계일 뿐이다. 그야말로 '정신 승리'의 극치다. 앞은 벽이고 뒤는 퇴로가 없으니 그냥 그 자리에 주저앉아 꼭 성공할 필요는 없다고, 아무것도 하지 않으면 아무것도 잃지 않는다고 자기 위안하며 아예 손을 놓아버리는 것이다.

"운이 나쁜 이유는 전생에 죄를 지었기 때문이니 평상시에 덕을 쌓으세요." SNS에서 이런 논리의 글을 자주 본다. 게다가 이런 글은 '좋아요'도 꽤 많이 받는다. 내용 비약이 어찌나 심한지, 대개 이런 식이다. "돼지도 생명인데 어떻게 먹을 수 있나요? 착한 소를 어떻게 먹죠? 귀여운 배추를, 다음 세대의 생명을 품고 있는 콩을 어찌 먹는다는 말이죠? 잔인해라!"

결국에는 이런 '단일 귀인적 사고방식'도 자신의 나태함을 정당화하지 못한다. 그런 의미에서 선량함은 꽤 괜찮은 냄비다. 도덕적 강박, 마음의 병, 삶의 문제 같은 '원재료'를 얼마든지 던져 넣을 수 있기 때문이다.

만약 아무 노력도 하지 않고 잘 살고자 하는 도둑 심보를 '선량함'이라고 한다면 사뮈엘 베케트의 희곡 《고도를 기다리며》에 등장하는 정체불명의 방랑자 에스트라공과 블라디미르도 선량한 사람이다. 그들은 황혼 녘에 좁은 길가 고목 아래서 하염없이 고도를 기다린다. 시간을 보내기 위해 두서없이 이런저런 이야기를 꺼내기도 하고, 온갖 의미 없는 일을 하다가 길을 지나던 주인과 시종인 포조와 럭키를 고도로 오해하기도 한다.

그러다 날이 어두워지자 한 소년이 다가와 오늘은 고도가 못 왔지만 내일은 꼭 올 것이라고 말한다. 그다음 날 해질 무렵, 두 사람은 어제와 같이 고도를 기다린다. 날이 어두워지고 소년이 어제와 똑같은 말을 전한다. 시간은 흐르고 흘러 푸른 나뭇잎이 누렇게 지고, 포조가 눈이 멀고, 럭키가 벙어리가 될 때까지 그들은 고도를 기다리며 시간을 다 보낸다. 이들이 호구가 아니라면 누가 호구란 말인가?

뭐 눈에는
뭐만 보인다더니…

〰〰〰〰〰〰〰〰〰 툭하면 나의 인륜지대사를 두고 훈계를 늘어놓는 상사가 있었다. 그는 아무리 봐도 '결격 사유'가 없는 내가 여태껏 싱글인 이유가 콧대가 높은 데다 결혼을 구속으로 여기기 때문이라고 했다. 그러면서 만약 마음만 먹으면 결혼할 수 있을 텐데 일부러 안 한다는 식으로 나를 몰아갔다. 내 혼사 문제에 어찌나 관심을 보이던지, 설마 자기한테 시집오라는 뜻인가 잠깐 의심했을 정도였다.

그러던 어느 날, 저녁 회식 자리에서 그는 내게 또다시 세뇌 작업을 펼쳤다. 결국 나는 참지 못하고 또박또박 반박을 펼쳤다. 나의 논리정연한 반론에 말문이 막힌 상사는 내게 '참 예민한 여자'라는 평을 남긴 채 입을 다물었고, 그 후로는 귀찮게 하지 않았다.

비록 논리적으로 완벽하게 물리치기는 했지만 이 일은 내게도 씁쓸한 뒷맛을 남겼다. 나는 결코 그가 말한 '비혼주의자'가 아니었기 때문이다. 오히려 오랫동안 '진실한 사랑'을 찾아 헤맸으나 결국 맞는 사람을 만나지 못한 쪽이었다. 어쩌겠는가, 재능과 교양이 넘치며 균형 잡힌 사고를 가진 남자가 생각보다 세상에 많지 않은 것을. 혹 있더라도 나를 사랑해주지 않는 것을. 결국 나는 차선책으로 혼자, 스스로 의지하고 사는 길을 택했을 뿐이다.

나도 이렇게 살고 싶지는 않았다. 나처럼 '총명하고 사랑스럽고 괜찮은 여자'가 못난 게 뭐가 있다고? 하지만 소위 성공한 인사들은 젊고 늘씬하고 반반한 여성에게만 관심이 있는 듯했고, 나는 운명을 받아들이기로 했다. 현실에서 좌절을 겪고 그 좌절감을 홀로 감당할 때마다 나는 불공평한 인생을 원망했다. 결혼마저 내 뜻대로 되지 않는다는 사실에 화가 나기도 했다.

주변의 또래 아가씨들은 나와 달리 쉽게, 그것도 꽤 괜찮은 사람과 결혼하는 모습을 보면 속이 더 들끓었다. 심지어 50살이 넘은 늙수그레한 아줌마도 결혼하는 마당에 한창 나이인 내가, 고상하고 우아하며 사치스럽지도 않은 신붓감인 내가 노처녀로 남다니 이게 운명의 농간이 아니면 무엇이겠는가?

지금은 내가 잘못 생각하고 있었음을 안다. 내가 바란, 혹은 바라지 않은 모든 현재는 과거의 내가 한 선택의 결과다. 다시 말해 내가 지금 이 모양이 된 이유는 전부 과거의 나 때문이라는 뜻이다.

결혼만 해도 그렇다. 나는 나보다 결코 잘나지도 않았으면서 시집 잘 간 여자를 부러워했지만, 생각해보면 예전의 나는 '시집 잘 가는 것' 자체를 우습게 여겼다. 또 지방에 사는 사람과 절대 결혼하지 않겠다고 결심했고, 아기를 낳기 싫다는 이유로 자녀를 바라는 사람을 결혼 대상에서 제외했다. 그 후로도 이런저런 이유로 '결혼할 수 없는 사람'의 명단은 늘어만 갔다.

사실 괜찮은 사람을 만나지 못한 것은 아니다. 다만 스스로 만들어둔 제약 조건이 너무 많았다. 실제로 몇 년 전에 상하이에 집을 두 채나 가진 광고회사 대표가 내게 푹 빠져 청혼했을 때도 "설레지 않는다.", "아이를 바랄 것 같다.", "시어머니 될 분이 너무 드세다."는 등 별 희한한 이유를 대고 도망치지 않았던가.

두 번의 미성숙한 연애를 경험한 후 나는 비로소 남자친구라고 인정할 수 있을 만한 사람을 만났다. 그전에 만났던 사람들에게 문제가 있었냐고 묻는다면, 꼭 그렇지도 않다. 모두 나를 풍족하게 살도록 해줄 만큼 능력 있는 남자들이었다. 하지만 내 마음에 차지는 않았다. 무언가 불만족스러운 기분을 애써 무시하고 억지로 만나다가 결국 못 참고 도망친 적도 있었다. 그렇다고 그들에게 엄청난 결점이 있었던 것도 아니다. 함께할 수 없었던 이유는 아마 나 자신만이 이해할 수 있을 것이다.

지금 내 휴대폰 연락처에 저장되어 있는 남자는 기껏해야 다섯 명 정도다. 그렇다. 나는 세상과 단절되기를 간절히 원했고 단절되는 쪽을 선택했으며, 그래서 노처녀가 되었다. 사실을 말하자면 나 자신이 먼저 나를 결혼할 수 없는 여자로 정의했고, 그대로 된 것이다.

일반적인 환경에서 사건이 사람을 바꿀 수 있을 뿐, 사람은 사건을 바꿀 수 없다. 이러한 한계에서 사람은 누구나 여러 가지 사건을 겪으며 나름의 관념과 인지를 형성해간다. 마르크스의 말처럼 '개인은 그가 맺은 사회적 관계의 총체'인 셈이다.

어떤 상황을 판단, 정의할 때도 그동안 경험한 사회적 사건과 그와 관련된 관계의 총합에 영향을 받는다. 그런데 이때 만약 개인이 잘못된 정의나 자각을 갖고 있으면 실제 사회 환경과 개인의 인식 사이에 편차가 생긴다. 그리고 이러한 부정확한 이해를 기반으로 해석 체계를 세우고 행동할수록 결국 잘못된 인식에 점점 더 가까워진다.

"부처 눈에는 부처만 보인다."는 말도 그래서 나온 것이다. 똑같은 환경도 마음가짐에 따라 다르게 보이고 근심도 마음에서 생긴다. 마음에 부처가 있으면 생각도, 시야도, 행동도 부처와 같아진다. 자기가 보고 싶은 것만 보고 믿고 싶은 것만 믿으려 한다. 심리학에서는 이를 가리켜 '확증편향'이라고 한다. 이러한 확신은 스스로에게 인지적 꼬리표를 붙이고 이를 타인에게도 확인시킨다. 즉, 사람을 대할 때 내심 자신이 얻기 바라는 꼬리표를 내보인다는 뜻이다. 그 꼬리표를 본 사람들은 단순하고도 거칠게 결론을 내린다. "역시 당신은 그런 사람이었어."라고.

보통 우리는 자신의 연약함과 쉽게 괴롭힘당할 수 있는 성향을 착한 모습, 혹은 선량함이라는 명목으로 감추려 한다. 그러나 결국에는 바랐던 것과 달리 거의 모든 사람에게 괴롭힘당하게 된다.

나의 엄마는 스스로 항상 남에게 천대받는 사람으로 정의했고 실제로 평생 천대받으며 살았다. 유복녀로 태어나 아버지 없이 자란 엄마는 가정에서 따스한 돌봄을 받지 못했다. 외할머니는 온화한 분이었지만 가정교육 능력이 없는 탓에 엄마의 외삼촌이 훈육을 전담했다. 외삼촌은 성실한 사람이었지만 사람을 기르는 일에 대해서는 때리고 욕하는 방법밖에 몰랐다. 그런 외삼촌 밑에서 엄마는 남존여비 사상이 뿌리 깊게 박힌 사람으로 자라났고, 여자는 맞아야 배울 수 있는 존재라고 생각하게 됐다.

엄마는 어려서부터 말을 함부로 하지 말라고 배우고 자랐다. 그런 엄마의 가장 큰 '재주'는 입만 열면 다른 사람의 기분을 상하게 하는 것이었다. 오죽하면 어린 외손자가 "외할머니, 그냥 아무 말도 하지 마세요."라고 했을까. 평생 엄마의 주변에는 이미 싸웠거나 지금도 싸우고 있는 사람밖에 없었다. 엄마는 말싸움도 했고 몸싸움도 했다. 아버지에게 얻어맞는 일이 비일비재했고 맞아서 드러누운 적도 셀 수 없이 많았다. 평생 천대받을 운명이라는 자기 예언이 그대로 실현된 셈이다.

잠깐 우리 집에 머물렀을 때조차 엄마는 매일 나와 싸웠다. 이유는 단순했다. 자신에게 익숙한 관점을 고수하며 사물을 보고 인지한 탓에 고정관념에 묶여서 진상과 현실을 있는 그대로 보지 못했기 때문이다. 구체적으로 예를 들자면 이런 식이다.

당시 내가 자취하는 곳까지 엄마가 어렵게 오셨고, 평소 새로운 음식을 드셔볼 일이 없었기에 희귀한 보스턴 로브스터를 사들고 집에 들어간 날이었다. 내 손에 들린 상자를 보고 엄마가 뭘 사왔냐고 물었고, 나는 '큰 가재'라고 대답했다. 그러자 엄마는 고향에 있는 이웃 이야기를 꺼냈다. 논이 몇 마지기가 될 법한 큰 연못에서 가재를 키우는데 가재가 어찌나 큰지 제일 작은 놈도 10센티미터가 넘는다는 것이다. 여태껏 그만큼 큰 가재를 본 일이 없다며 한참을 호들갑이었다.

어쩐지 기분이 나빠진 나는, 내가 사온 가재는 그런 민물가재와 급이 다르다고 대꾸했다. 하지만 엄마는 아랑곳하지 않고 그곳의 가재 이야기만 했다. 집게발이 얼마나 큰지, 비싸기는 또 얼마나 비싼지 감탄사가 줄을 이었다. 아무리 내가 그 가재와 이 가재는 근본적으로 다르다고 해도 들은 체도 하지 않았다. 결국 나는 화가 나서 상자를 바닥에 던지듯 내려놓았다. "일단 먼저 보고 얘기해, 직접 확인해보면 알 것 아니야!"

어떤 사물에 모종의 꼬리표가 붙으면 사람은 그에 대해 더는 알려고 하지 않는다. 먼저 들어와 자리를 잡은 개념에 사로잡혀서 가장 기본적인 탐색 정신과 진상 파악 능력을 잃는 셈이다. 사람에게 붙는 꼬리표도 마찬가지다. 일단 자기 자신에게 어떤 꼬리표를 붙이는 순간, 대개는 그 꼬리표대로 살게 된다.

꼬리표는 일종의 폐쇄적 사고방식이다. 만약 여태껏 스스로에게 '착한 사람', '괴롭힘당하기 쉬운 사람' 등 남에게 우위를 내주기 쉬운 꼬리표를 붙여왔다면 되도록 빨리 떼버려야 한다. 심리학자 엘렌 랭어Ellen Langer에 따르면 타인이 자신의 기대와 다르게 행동하는 것을 알고도 배후의 스토리를 이해하려고 노력하지 않는 사람은 상대에 대해 극단적인 평가를 내리기 쉽다. 이는 다른 사람을 제대로 이해하지 못한다는 점에서 차별적 시각의 원인이 되기도 한다.

꼬리표 붙이기, 즉 라벨링은 폐쇄적 사고방식의 전형적 특징이며, 다름을 틀림과 잘못으로 받아들이는 우매함의 원인이 된다. 만약 자신이 남을 잘 이해할 수 없고 타인의 행동 때문에 자주 화가 난다면 이런 폐쇄적 사고방식을 가졌을 공산이 크다. 이러한 사고방식은 인간관계에 끝없는 갈등을 초래할 뿐만 아니라 나 자신에게도 끝없는 고통을 안긴다.

꼬리표는 인생에서 단 한 가지 가능성에만 집착하게 만든다. 그것이 내가 바라는 가능성이든 바라지 않는 가능성이든 자신도 모르게 인생을 망친다. 자기 예언, 즉 꼬리표를 떼어버려라.

왜 나만
착하게 살아야 해?

～～～～～～～～ T는 22살이었지만 아직 미혼이었다
(중국 시골에서는 여전히 일찍 결혼하는 편이다-역주). 가족들은 선을
보라고 성화였다. 그녀도 결혼하고픈 마음은 굴뚝같았지만 선
을 보고 싶지는 않았다. 얼굴을 겨우 몇 번 보고 인생의 중대
사를 결정한다는 게 마음에 들지 않았기 때문이다. 결국 가족
의 성화를 이기지 못하고 선 자리에 몇 번 나갔지만 결과는 좋
지 못했다. 가족의 압박은 점점 더 심해졌고, 마침내 T는 조건
만 괜찮으면 아무하고나 결혼하자는 생각까지 하게 됐다.

그런 생각으로 나간 마지막 선 자리에서 그녀는 그럭저럭
마음에 드는 남자를 만났다. 그리고 상대가 늘어놓는 달콤한
말에 넘어가 일단 만나기로 결정했다. 만나다 보니 남자는 감
정적이고 자제력이 부족했으며 툭하면 성질을 부렸다.

보자 보자 하니까!

그녀는 참다못해 헤어지자고 했지만 상대가 무릎을 꿇고 매달렸다. T는 과년한 자신의 나이가 걸려 망설였다. 남자의 괴팍한 성정이 마음에 들지 않았지만 자신을 좋아하는 마음은 진심인 것 같았다. 게다가 이렇게 매달리는데 헤어지자니 미안한 마음도 들었다. 그녀는 그에게 기회를 주기로 결심하고, 그의 손을 잡고 결혼식장에 들어갔다.

두 사람은 곧 아이를 낳았다. 그런데 아이가 태어나자마자 남자는 본성을 드러냈다. T는 제왕절개로 아이를 낳았는데, 남편이 병원에 입원한 그녀의 곁에 있었던 것은 단 이틀뿐이었다. 퇴원 후 집에 돌아와서는 더 심했다. 남편은 아기가 아무리 울어도 안아주지 않았으며, 그녀에게 밥 한 번 챙겨주지 않았다. 산후조리 기간 내내 그녀는 고통을 삼키며 홀로 아이를 돌봤다.

산후조리가 끝나자마자 T는 이혼을 요구했다. 하지만 남편은 그녀가 결혼 전에 사놓은 집을 이미 몰래 처분한 상태였고, 양육비 한 푼 주지 않았다. 결국 그녀는 친정 부모에게 얹혀살며 아이를 키워야 했다.

인생은 돌이킬 수 없다. 미안하다는 이유로 거절하지 않으면 후에 더 큰 결과를 감당해야 한다. 서로 빚진 것도 없는데 단지 미안해서 거절하지 못한다면 그보다 어리석은 짓이 어디 있겠는가. 거절한 뒤 잠깐 마음의 불편함을 느끼는 편이 내 인생을 희생하는 것보다 훨씬 낫다. 이 세상에서 가장 중요한 존재는 바로 나 자신이다. 이 사실을 절대 잊어선 안 된다.

체면 때문에 좋은 기회를 놓칠 때가 종종 있다. 심한 경우 주변의 시선을 의식하다 앞길을 망치기도 한다. 그러니 차라리 미안해서, 겸연쩍어서라는 생각이 든다면 지체 말고 실행에 옮겨라. 그렇지 않으면 시간이 당신의 용기를 전부 가져가 버릴 것이다. '미안한 마음'이 인생의 걸림돌이 되어선 곤란하다. 지금 당장 거절하는 법을 배우고, 미안한 마음이 더는 당신의 발목을 잡지 못하도록 하라.

무슨 일을 하든, 심지어 잘한 일에서조차 칭찬보다 질책과 꾸중을 듣는 아이는 매사에 살얼음판을 걷듯 조심스럽고 전전긍긍할 수밖에 없다. 이렇게 된 원인은 하나뿐이다. 집에서 아무 권리도 없는 '노예'로 취급받기 때문이다.

언제 닥칠지도 모르는 매질을 피하기 위해 아이는 자신의 본 모습을 숨긴다. 원래는 말썽꾸러기이고, 말 안 듣고, 제멋대로에 공격적인 아이가 순한 양처럼 구는 것이다. 그렇게 자라난 아이는 남들이 좋다고 할 만한 모습의 어른이 된다. 담배도 안 피고, 술도 마시지 않으며, 불량한 취미 하나 없이 돈을 버는 족족 얌전히 부모님에게 갖다 바친다. 그러고는 일을 핑계로 가족에게서 도망친다. 그는 남들이 자신에게 웃어줘야만 비로소 안심한다. 설령 남이 웃어주지 않아도 자신은 억지로 미소를 짓는다. 그래야만 타인의 악의를 피할 수 있다고 믿기 때문이다.

그는 다툼을, 불화를, 자신을 향한 타인의 적의를 두려워한다. 악의적인 언사나 공격을 받으면, 혹은 자신이 당황한 순간에 아무도 도와주지 않으면 무력감과 배신감, 절망감에 사로잡힌다. 그리고 뭐라 설명하기는 어렵지만 어쩐지 괴롭혀도 될 것 같은 사람이 된다. 누군가 자신에게 조금만 잘해줘도 상대의 의도를 따져볼 생각도 없이 믿어버리며, 설령 상처를 받더라도 '좋은 게 좋은 것'이라며 무조건 용서한다.

그는 남이 하는 약속을 믿지 못하면서도 차라리 속을 수 있기를 바라고 또 바란다. 때로는 속는 것도 인생 경험이라며, 어쩌면 이를 통해 새로운 가능성을 발견하거나 무언가 배울 수 있을지 모른다고 스스로 위로한다. 그는 쉽게 질 나쁜 사람의 '타깃'이 되지만 금방 아무 일도 아닌 척 털고 일어선다. 그리고 자신이 좀 더 넓게 생각하고 타협하고 양보하면 괜찮아질 것이라고 스스로 속인다.

남이 꿍꿍이를 품고 잘해줘도 그는 받아들인다. 그는 화도 잘 내고 달래기도 쉬우며, 금세 기뻐했다가 또 슬퍼한다. 그러다가도 누군가 조금만 잘해주면 여전히 살 만한 세상, 온기가 남아 있는 세상이라고 느낀다. 결론적으로 그는 잘 화내고 미치고 분노하고 걱정하고 변덕스럽기가 이루 말할 수 없는, 온갖 감정을 안에 꽁꽁 싸매놓은 터지기 쉬운 '만두'가 되고 만다.

예전에 '무슨 일이든 말만 하세요.'라는 제목의 콩트가 있었다. 주인공은 남이 도와달라고 하면 가슴팍을 팡팡 치며 "무슨 일이든 말만 해!"라고 외치는 사람이다. 설 연휴를 앞두고 기차표 사기가 하늘에 별 따기만큼 어려운 때, 주인공은 친구에게 아는 사람이 있어서 기차표를 쉽게 살 수 있다고 허풍을 쳤다. 소문은 걷잡을 수 없이 퍼지고, 갈수록 더 많은 사람이 그에게 기차표를 사다 달라고 부탁했다. 거절하기가 민망했던 그는 결국 이불을 싸들고 기차역으로 가서 벌벌 떨며 밤새 줄을 선다. 남들이 부탁한 기차표를 사기 위해서 말이다.

전형적인 착한 사람 콤플렉스다. 그는 모든 사람에게 인정받기 위해 자신을 희생하면서까지 남의 비위를 맞추었지만 결국 비웃음거리로 전락한다. 세상 사람들에게 잘 보이려고 애썼으나 최후에는 모두에게 무시당하는 꼴이 된 것이다. 현실도 별반 다르지 않다.

남에게 밉보이지 않으려 전전긍긍할수록 오히려 미움을 사기 쉽다. 내가 바라는 것을 제대로 표현하지 않으면 갈수록 내게 요구하는 사람만 늘어난다. 힘들게 일하고도 단지 겸연쩍다는 이유로 자기 권리를 주장하지 않으면 결국 혼자 고통을 곱씹어야 한다. 아는가? '미안한 마음'이 얼마나 많은 것을 놓치게 만드는지. '미안한 마음' 때문에 잃은 우정, 사랑, 기회가 얼마나 많은지.

최소한의 선과 원칙을 지키고, 아첨하거나 비위 맞추지 않으며, 과감히 거절하면서도 적당히 도와주는 지혜를 가져야만 비로소 더 나은 삶을 살 수 있다. 인생의 큰일 앞에서조차 최소한의 선도, 원칙도 지키지 못하는 사람은 평생 고생할 수밖에 없다. "자기 팔자 자기가 꼰다."는 말이 괜히 나온 게 아니다.

오해하든 말든
내 알 바 아니다

〰〰〰〰〰〰〰〰 예전에 한 친구가 내게 기가 막힌 오
해를 받았던 이야기를 털어놓았다. 친구를 오해한 사람은 전
남자친구였다. 미래를 약속할 만큼 깊이 사랑한 두 사람은 함
께 살기로 했다.

이사하던 날, 그들은 청소하다가 침대 밑에서 콘돔 한 갑을
발견했다. 상자는 뜯겨 있었고, 안에는 콘돔이 대여섯 개쯤 남
아 있었다. 그녀와 남자친구는 콘돔을 쓰지 않았지만 버리기
는 어쩐지 아까운 마음에 서랍에 넣어두고는 까맣게 잊었다.

결과적으로 두 사람은 헤어지고 말았다. 특별한 계기가 있
었던 것은 아니었다. 언젠가부터 그녀는 남자친구가 자신을
사랑하지 않는다고 느꼈다. 정확히는 이사하고 반년 정도 지
난 뒤, 그가 갑자기 냉담해졌다. 집에도 잘 들어오지 않았다.

그녀는 기나긴 침묵을 참을 수가 없었고 결국 이별을 택했다. 물론 그전에도 사소하게 싸운 적은 많았다. 하지만 늘 화해했고, 마침내 결혼을 약속했던 것이다. 그러나 그녀는 이토록 변해버린 그를 감당할 자신이 없었다. 사랑이 없는 결혼 생활을 유지할 자신은 더욱 없었다. 그래서 혼인신고를 하기 전날 밤, 그가 잠든 사이에 짐을 싸서 집을 나왔다.

1년 후, 두 사람은 다시 만났다. 사실 그녀는 다시 잘해보고 싶다는 일말의 희망이 남아 있었다. 하지만 전 남자친구 입에서는 그녀가 상상하지도 못한 이야기가 흘러나왔다. "너를 사랑하려고 난 남자로서 자존심까지 버렸었어." 이게 무슨 소리인가. 마음이 변한 것은 그가 아니었나? 의아해하는 그녀를 보며 그는 힘겹게 말을 이었다.

"나는 그때 너를 이미 내 아내라고 생각했어. 그런데 내 아내가 다른 사람과 잤다니, 생각만 해도 미치겠더라. 너도 죽이고 그 새끼도 죽이고 싶었어. 그런 엄청난 고통을 겨우 참아내고, 남자로서 자존심도 버렸어. 그렇게라도 너와 함께하려고 한 거야."

그녀는 혼란스러웠다. 맹세컨대 그와 함께했던 세월 동안 다른 남자를 만난 적이 단 한 번도 없었다. 마음이 변했다고 하면 그만인 것을 왜 이런 말도 안 되는 치욕을 자신에게 안기는지, 억울하면서도 화가 났다. 그녀가 무슨 말도 안 되는 소리냐며 항의하자 그는 담배를 꺼내 물며 말했다.

"다 지난 일이잖아, 아닌 척하지 마. 이사하고 반년 후에 서랍에 콘돔 상자가 있는 걸 봤어. 우린 안 쓰는 콘돔이 거기 왜 있었겠어? 내가 아무 말하지 않았다고 해서 아무것도 몰랐을 거라 생각하지 마."

기가 막혔다. 그 물건이 왜 거기에 있었는지 자초지종을 설명했지만 그는 전혀 기억하지 못했다. 오히려 그녀가 말도 안 되는 변명을 지어낸다며 고개를 저었다. 그는 그녀가 외도했으며, 여전히 부인한다고 확신했다. 다시 잘해볼 생각으로 만난 그들이었지만 결국 씁쓸함만을 안은 채 헤어졌다.

그로부터 몇 년이 흐른 후, 그녀는 새로운 사랑을 시작했다. 그러나 또다시 비슷한 일로 오해를 받아 안 좋게 끝나고 말았다. 그녀는 자조하며 말했다. "연애하지 말까 봐. 연애해 봤자 남는 건 오해와 상처뿐이야."

그녀의 이야기를 듣고 문득 이런 이야기가 떠올랐다. 한 여자가 전날 널었던 빨래를 걷기 위해 베란다로 나갔다. 방금 손을 씻어서 아직 물기가 남아 있던 터라 빨래가 잘 말랐는지 만져볼 수 없었던 그녀는 손 대신 얼굴을 옷에 갖다 댔다.

바로 그때, 아랫집 남자가 밖을 지나가다 우연히 위를 올려다보면서 그녀와 눈이 딱 마주쳤다. 하필 그 순간 그녀가 얼굴을 대고 있던 것은 남편의 속옷이었다. 그의 눈에 비친 그녀는 영락없이 남자 팬티에 코를 박고 정신없이 냄새를 맡는 모습이었다. 아랫집 남자는 깜짝 놀라 멈춰 섰고, 방금까지 자신이 속옷에 얼굴을 대고 있었음을 깨달은 여자도 얼굴이 벌개졌다. 그날 밤, 아랫집 남자는 자기 아내에게 이렇게 말했다.

"윗집 아줌마 말이야, 남편을 진짜 사랑하나 봐. 오늘 오후에 베란다에서 남편 팬티에 코 박고 황홀하게 냄새 맡는 모습을 나한테 딱 걸렸다니까!"

우리가 볼 수 있는 것은 일부분에 불과하다. 하지만 사람들은 대개 자신이 본 단면을 사실의 전부로 여기고 저마다 결론을 내린다. 그렇게 오해가 생긴다. 어떤 사람은 오해를 받으면 무조건 풀려고 애쓰는데 그 끝은 대부분 '하소연쟁이'로 낙인찍히거나 대판 싸우거나 둘 중 하나다. 오해란 생기기는 쉬워도 풀기는 어렵다. 그런데도 사람들이 오해를 풀기 위해 에너지를 낭비하는 이유는 무엇일까? 자신이 오해받는 상황을 견딜 수 있을 만큼 마음이 강하지 않기 때문이다. 그만큼 타인의 신뢰를 갈구하기 때문이다.

삶은 보이지 않는 디테일이 무한히 쌓여 이뤄진다. 그 디테일 전부를 아는 것은 불가능하다. 그럼에도 사람들은 삶을 질서정연하고 조금이나마 예측과 통제가 가능하게 만들고 싶어 한다. 이런 마음은 결국 행동의 원인을 찾고자 하는 강한 충동으로 이어진다. 원인과 과정을 알아야 통제력과 안정감을 가질 수 있다. 그래서 결과를 통제할 수 있는지의 여부는 매우 중요하다.

하지만 만약 결과를 전혀 통제할 수 없다면, 반드시 상처받을 수밖에 없다면 당신은 어떤 상처를 선택하겠는가? 예를 들어 당신이 실연당할 운명이라고 해보자. 성공한 사람과 달콤한 연애를 한 뒤 실연하는 편을 택하겠는가, 아니면 그저 그런 사람과 찝찝한 연애를 한 뒤 실연하는 편을 택하겠는가? 대개는 고민할 필요 없이 전자를 택할 것이다.

성공한 사람은 보편적으로 책임감이 강한 편이다. 책임감이야말로 성공의 기본 자질이기 때문이다. 같은 맥락에서 그저 그런 사람은 책임감이 부족할 공산이 크다. 성공한 사람과 사랑에 빠지는 이유도 단순히 물질적 요인이 전부는 아니다. 물질적 요인보다는 그 사람의 품성, 즉 뼛속 깊이 배인 본성에 끌리는 경우가 많다. 오랜 세월 형성된 습관이 독특한 카리스

보자 보자 하니까!

마와 매력을 만들어내는 것이다.

눈에 보이는 조건이 전부 사라져도 이런 장점은 사라지지 않는다. 오히려 힘든 시간을 거칠수록 더욱 빛을 발해서 이들을 훨씬 매력적으로 보이게 한다. 이들이 가진 용감함, 강인함, 낙관적이고 책임감 넘치는 모습은 상대에게 엄청난 안정감을 선사한다.

가끔은 우리에게도 선택의 기회가 생긴다. 그러나 아쉽게도 우리가 알 수 있는 정보는 일부분에 불과하기에 결과를 통제할 수도, 선택할 수도 없다. 때로는 오해받고 상처 입기도 한다. 우리가 할 수 있는 일이라고는 이 모든 것을 받아들이는 것뿐이다. 받아들이고 적응할 줄 아는 사람만이 더욱 강해질 수 있다.

자신의 한계를 아는 성숙한 사람에게는 두 가지 특징이 있다. 첫째, 맹목적이고 성급하게 결론을 내리지 않으며 언제나 '더 많은 지식과 정보가 필요하다.'는 겸손한 태도를 유지한다. 둘째, 언행에 여지가 있다. 즉 100퍼센트 확신하더라도 90퍼센트 정도만 표현하고 10퍼센트의 여지를 남겨둔다.

인간관계에서 오해는 피할 수 없는 일이다. 어차피 피할 수 없다면 사람마다 감정적 출구가 필요하다는 점을 이해해야만 한다. 바로 이 때문에 거의 대다수의 관계에서 상처가 생긴다. 사람은 누구나 말 못할 아픔을 안고 있다.

만약 당신이 충분히 멀리 볼 수 있다면 순전한 감정적 괴로움에 발목 잡히지 않고, 더 중요한 일을 하는 데 집중할 것이다. 당장 현 상태를 바꿀 수도 없고, 나에 대한 타인의 생각을 변화시킬 수도 없는 상황에서 보통 사람은 본능적인 감정에 빠져 허우적대지만, 지혜로운 사람은 본능을 이해하고 슬픔 속에서도 슬픔을 초월할 줄 안다.

우리는 살면서 가능하면 스스로 상처와 아쉬움을 남기지 않기 위해 최선을 다해야 한다. 그러려면 오해와 몰이해는 인생의 어쩔 수 없는, 자연스러운 모습임을 받아들이는 수밖에 없다. 때로는 순탄한 것보다 산전수전을 겪는 편이 인생에 더 도움이 된다. 적어도 나는 그렇게 믿는다.

남이 나를 믿게 만들기 위해 너무 많은 시간을 낭비하지 마라. 진정한 선악은 나 스스로 아는 것이다. 진위를 증명할 수도 없고, 모든 것을 다 알 필요도 없다. 남들이 옳고 그름을, 맞고 틀림을 어떻게 말하든 그냥 내버려둬라. 타인의 일은 상관할 바 아니다. 그보다는 나 자신이 마음의 균형과 평정을 유지하는 것이 훨씬 더 중요하다.

보자 보자 하니까!

인생은 돌이킬 수 없다.
미안하다는 이유로 거절하지 않으면
더 큰 결과를 감당해야 한다.

시간이 당신의 용기를 전부 가져가지 않게
불편한 마음이 당신의 발목을 잡지 못하게
지체 말고 거절하는 법을 배워라.

최소한의 선과 원칙을 지키고
과감히 거절하면서도 적당히 도와주는 지혜를 가져야
비로소 더 나은 삶을 살 수 있다.

현명하고 똑 부러지게
거절하는 기술

〜〜〜〜〜〜〜〜 한 젊은 여성이 말했다. "예전에는 거절하는 것 자체를 이기적인 행동이라고 생각했어요. 그래서 부탁을 받으면 바로 알았다고 했어요. 막 직장에 다니기 시작했을 때가 제일 심했어요. 동료가 '부탁해.'라고 하면 거의 다 들어줬으니까요. 도시락이랑 커피를 사다 주고, 택배도 받아주고…. 그러니까 나중에는 온갖 허드렛일을 미루더라고요. 심지어 동료 부탁 들어주느라 내 할 일을 못해서 상사한테 혼나기도 했지요."

그녀는 억울하다는 표정을 지으며 계속해서 말했다. "솔직히 거절하고 싶었지만 혹시나 동료들이 미워할까 봐 어쩔 수 없이 꾹 참았어요. 반년 넘게 그렇게 지내면서 혼자 얼마나 울었는지 몰라요. 그러다 회사에 새 직원이 온 것을 계기로 처음

동료의 부탁을 거절해봤어요. 그런데 다들 대수롭지 않게 받아들이더라고요. 나더러 나쁘다고 하는 사람도 없었어요. 그 순간 깨달았죠. '아, 여태껏 내가 힘들었던 이유는 동료가 아니라 나 때문이었구나. 내 안의 두려움과 걱정이 나를 답답하고 울적하게 만들었구나.' 그때부터는 거절이 훨씬 쉬워졌어요."

소위 착한 사람 콤플렉스가 뼛속까지 침투한 이 사회에서 자란 사람이라면 거절이 어렵다는 점에 동감할 것이다. 최소한 좋은 사람이라면 타인의 요구와 기대를 쉽게 저버리지 않으리라는 생각이 모두에게 잠재되어 있기 때문이다. 그만큼 우리 속에는 다른 사람의 눈치를 보는 것이 습관화되어 있으며, '거절은 곧 상처'라는 관념이 뿌리 깊게 박혀 있다.

심리학 연구에 따르면 서양인은 자신의 감정을 행복의 기준으로 삼는 데 비해 동양인은 자기 감정보다 다른 사람이 자신을 어떻게 보는지를 훨씬 중요하게 생각하는 것으로 나타났다. 타인의 감정을 배려하는 것은 분명히 미덕이다. 그러나 타인의 평가와 판단에 지나치게 얽매여서 자신의 감정을 무시한 채 오로지 남의 기대에 부응하려고 애쓴다면 인격적 의존도가 심각한 수준이라고 볼 수밖에 없다.

사실 친구의 부탁을 거절하거나 직장에서 자기 업무가 아닌 일을 거절하는 것은 매우 정상적인 행동이다. 물론 남의 부탁이나 요구를 거절하면 잠시 마음이 불편해질 수 있다. 그러나 장기적으로 보면 이는 스스로 돕는 일이다. 그래야 에너지를 불필요하게 소모하지 않을 수 있기 때문이다.

그런데도 우리가 쉽게 거절하지 못하는 이유는 부끄러움을 느껴서다. 사람은 무의식적으로 다른 사람이 자신에게 실망하는 것을 참지 못하며 모두가 자신을 좋아하기를 바란다. 그래서 회사에서는 상사와 동료를 만족시키려 노력하고, 집에서는 가족 모두가 기꺼워할 만큼 집안일을 완벽히 해내려고 애쓴다. 부모나 친척의 부탁도 거절하는 일이 없다. 그런데 가끔 이 모든 것이 힘들고 버겁게 느껴지는 순간이 온다. 심지어 마음 깊은 곳에서 좌절과 분노가 일어나기도 한다. 나는 단지 좋은 사람이 되고 싶었을 뿐인데 왜 이렇게 힘들고 괴로운 것일까?

잘 거절하지 못하는 사람의 내면을 파고들면 결국 타인의 긍정과 칭찬에 과도하게 의존하는 모습과 마주치게 된다. 자기긍정 및 자기존중의 능력이 심각히 결여된 것이다. 자신의 내면이 아닌 외부에서 자기긍정의 근거를 구하면 자연히 'Yes'라고 말할 수밖에 없다. 타인에게 인정을 받아야 자기가치감이 확인되기 때문이다. 이런 경향이 심해지면 타인의 요구를 들어준 대가로 얻는 일시적인 가치감과 안정감에 중독되는, 일종의 중독적 피학관계에 빠지기 쉽다.

건강한 인격과 인간관계를 가지려면 반드시 내면의 의존성과 독립성이 균형을 이뤄야 한다. 여기서 독립성은 자아에 대한 이해와 수용, 존중, 긍정에서 나온다. 아기가 걸음마를 배울 때를 생각해보자. 혼자 걷기 위한 첫 발걸음을 떼려면 용기가 필요하다. 그리고 그 용기는 비틀거리고 넘어지는 고통을 겪은 후에야 생긴다. 앞서 언급한 그 여성은 어쩔 수 없는 상황까지 몰리고 나서야 비로소 조금은 '이기적'으로 자신을 긍정하고 남을 거절하는 법을 배웠다.

앞선 이야기에서 그녀가 놀란 점은 용기 내어 거절했을 때 생각보다 기분이 훨씬 좋았다는 점이다. 그리고 태어나 처음으로, 자기 감정을 존중하는 데 그 어떤 이유도 필요치 않다는 사실을 깨달았다. 바쁘면 동료의 부탁을 거절할 수 있고, 너무 피곤하면 집안일을 하지 않아도 되며, 할 수 없는 일이라면 부탁한 사람이 누구든지 거절해도 되었다. 또 한 가지 그녀가 놀란 점은 동료와 친구, 가족이 거절을 선선히 받아들였다는 점이다. 그녀는 과거에 걱정했던 대로 외톨이가 되기는커녕 더 많은 존중과 관심을 받게 됐다.

거절을 통해 우리는 타인에게 자신이 그은 인간관계의 경계선을 명확히 알려줄 수 있다. 누군가 나를 함부로 대한다는 느낌이 든다면 원인은 십중팔구 내가 먼저 선을 제대로 긋지 못했기 때문이다. 거절할 줄 모르는 사람은 은연중에 '나는 경계선이 없다.'는 잘못된 정보를 남에게 준다. 그러니 수시로 경계선을 침범받을 수밖에 없다.

'No'라고 말할 권리를 스스로 포기해놓고 '선을 자꾸 넘는다.', '남의 감정을 배려할 줄 모른다.', '이기적이다.'라며 다른 사람을 원망하고 있지 않은가? 만약 그렇다면 자신이 제대로 선을 긋기는 했는지 심각하게 반성해볼 필요가 있다. 어쩌면 거절할 줄 모르는 나 자신이 가족, 친구, 동료를 '응석받이'로 만들었는지도 모르기 때문이다. 자기 자신을 진정으로 존중하고 아끼는 첫걸음은 거절하는 법을 배우는 것이다.

거절하는 방식보다 거절할 수 있는 '용기'가 훨씬 더 중요하다. 제대로 거절하는 법을 배우려면 그저 부단히 연습하고 시도해보는 수밖에 없다. 사실 거절할 수 있는 용기는 억지로 생기는 경우가 더 많다. 너무 많이 양보한 탓에 고통이 극에 달하고, 막다른 길에 몰리는 지경에 이르러서야 거절할 용기를 내는 것이다.

누구든 이 정도가 되면 두 다리가 덜덜 떨리더라도 거절의 첫걸음을 내딛게 된다. 평소 무골호인이던 사람이 갑자기 폭발해서 모두를 놀라게 하는 이유와 같다. 하지만 이런 식으로 터지면 주변 사람에게 "여태껏 마음에도 없는데 그랬냐, 싫으면 싫다고 말하지 그랬냐!"는 볼멘소리를 듣기 십상이다.

일단 한번 거절해보면 내가 내 인생을 제어하고 있다는 자신감이 생긴다. 거절이 생각보다 별것 아닌 일이라는 것을 깨달으면 다음번에도 거절할 수 있는 용기가 생긴다. 또한 생각만큼 남의 시선이나 평가에 의존하지 않아도 되고, 인생의 우선순위를 결정할 권한 또한 나 자신에게 있다는 사실을 알게 된다. 이런 권한은 타인에게서 쟁취할 필요가 없으며 합리성을 증명할 필요는 더더욱 없다. 왜냐하면 이는 하늘로부터 부여받은 당연한 권리이기 때문이다.

단, 거절이 남을 도와주기 싫어서 대는 핑계나 마땅한 책임을 회피하는 수단이 되어선 안 된다. 적절한 거절을 통해 우리는 오히려 나 자신과 타인에게 가장 성실해질 수 있다. 무슨 일에든 'Yes'라고 한다면 이는 곧 스스로 구세주가 되려는 것이다. 하지만 인간은 절대 구세주가 될 수 없다. 무소불능하지도 않다. 이 사실을 모르는 사람은 없을 것이다.

따라서 자신이 할 수 있는 일과 할 수 없는 일을 인정하고,

자기 자신의 한계를 깨달아 적절히 지혜롭게 거절할 줄 알아야 한다. 자기 마음에 충실해서 용감히 'No'라고 말할 수 있어야 자기 행동에 제대로 책임질 수 있다. 어떻게 하면 당당하고 적절하게 거절할 수 있을까? 현명한 거절을 위한 20가지 방법이다.

1. 너무 많은 일로 정신없이 바쁠 때

"시간이 없다."고 솔직히 밝힌다. 이미 할 일이 있어서 도와줄 수 없다고 하면 당신을 탓할 사람이 없다.

2. 부탁받은 일을 하는 것이 매우 불편할 때

어떤 일을 하는 것이 불쾌하게 느껴진다면 이는 함께 일하는 사람, 혹은 환경 때문일 수 있다. "그 일은 하기 싫다."고 직접적으로 밝히는 것이 난처한 상황에서 벗어나는 가장 좋은 방법이다.

3. 당장 새로운 임무를 맡을 준비가 되어 있지 않을 때

돕고 싶은 마음이 아예 없는 것은 아니지만 당장 일정이 너무 빡빡해서 도와줄 여유가 없다고 말한다. 자신의 한계를 알고 인정하는 것 역시 능력이다.

4. 자신이 적합한 인물이 아닐 때

자신의 기술이나 능력이 부족하다고 해서 좌절할 필요는 없다. 가장 좋은 방법은 자신의 부족함을 솔직히 인정하는 것이다. 자기 능력 밖의 일을 떠맡아 결국 망치는 것보다 처음부터 부족함을 인정하는 편이 훨씬 낫다.

5. 부탁받은 일을 하는 게 즐겁지 않을 때

인생이 고역이 되어서는 안 되기에 즐겁지 않다면 굳이 할 이유가 없다. 내가 하기 싫다는 사실을 남이 알까 봐 두려워하지 마라. 내가 싫어하는 일을 누군가는 좋아할 수도 있다.

6. 일정이 전부 차 있을 때

일정이 꽉 찼다고 솔직히 말한다. 숨 쉴 틈도 없이 바빠야만 일정이 전부 찼다고 말할 수 있는 것은 아니다. 일정은 자신이 감당할 수 있는 정도에 맞춰 정한다.

7. 여러 가지 일을 맡아서 정신이 분산될까 걱정되는 경우

상대를 더 잘 도와주고 싶다는 마음을 표현한다. 그러나 자신은 주의력이 분산되면 어떤 일도 제대로 할 수 없으며, 한 번에 한 가지 일에 집중하는 편이 훨씬 효율적이라는 사실을

상대에게 주지시킨다.

8. 다른 일을 하기로 이미 정해진 상황일 경우

다른 일이란 반드시 업무나 공식적인 일이 아니라 친구나 가족과의 약속일 수도 있고, 혹은 혼자만의 시간을 보내기로 정한 것일 수도 있다. 자기 선택의 정당성과 합리성을 증명할 필요는 없다. 당신의 시간은 결국 당신의 것이니까!

9. 해당 분야에 아무런 경험이 없을 경우

도와줘야 한다는 이유로 자신이 알지도 못하는 새로운 기술을 반드시 배울 필요는 없다. 상대에게 경험 있는 사람을 찾아보라고 조언하고, 향후 자신이 잘 아는 분야에서 도움을 청한다면 그때 도와주겠다고 밝힌다.

10. 상대가 자신보다 더 잘할 수 있다고 판단될 경우

사람은 자기 능력이 의심될 때 다른 사람에게 도움을 구하는 경향이 있다. 무조건 도와주기보다는 스스로 잘할 수 있다는 믿음을 상대에게 심어준다. 장기적으로 보면 이것이야말로 상대를 위하는 일이다.

보자 보자 하니까!

11. 자신의 개인 생활에 더욱 신경 써야 하는 경우

가족과 함께 더 많은 시간을 보내고 싶다는 마음이 들어도 부끄러워하지 마라. 안정적인 가정을 꾸리는 일은 그 자체로 인생에 매우 중요한 요소다. 자기 자신을 최우선으로 생각하고 책임질 줄 알아야 다른 사람도 책임질 수 있다.

12. 자기 일에 전념해야 할 때

내 일에 온전히 집중해야 할 때가 있다. 이럴 때는 일과 관련 없는 분야의 활동, 책임 등을 내려놓아야 한다. 그렇게 하지 않으면 누군가 나를 대체한다.

13. 스스로 자유 시간이 필요하다고 느낄 때

때로는 조금 이기적인 것도 나쁘지 않다. 남과의 약속을 소중히 하듯 자신의 사적인 시간을 소중히 여겨라. 일정표에 나만의 개인 시간을 따로 마련하고, 목숨 걸고 지켜라.

14. 만족할 결과를 얻지 못하느니 안 하는 게 낫다 싶을 때

시간 제한 때문이든 능력 부족 때문이든 내가 바라는 수준의 결과를 내지 못할 것 같다면 상대의 부탁을 거절해도 된다.

15. 다른 일을 돕고 싶을 경우

거절한다고 해서 아예 돕지 않겠다는 뜻은 아니다. 부탁받은 일이 마음에 들지 않는다면 먼저 정중히 거절하고, 자신이 돕고 싶은 일을 제시해도 좋다.

16. 내가 잘할 수 있는 일이 아닐 때

자기 능력의 한계를 인정한다. 자신이 할 수 있는 일과 할 수 없는 일을 아는 것도 능력이다. 내가 잘할 수 있는 일에 시간을 투자하는 편이 훨씬 효율적이다.

17. 나보다 그 일을 더 잘할 수 있는 사람을 알 때

나는 도울 수 없지만 적합한 사람을 소개해줄 수 있을 경우에 도움이 필요한 사람과 도와줄 수 있는 사람을 연결해주는 것도 매우 가치 있는 일이다. 단, 반드시 내가 인정하고 믿을 수 있는 사람을 소개해준다.

18. 직접적으로 "No."라고 말한다

때로는 단도직입적으로 거절해야 뒤탈이 없다. 거절이 곧 상대와의 인간관계나 우정을 부정하는 것은 아니니까. 단, 반드시 예의를 갖춰 정중히 거절한다.

19. 당장은 힘들지만 나중에 도와줄 수 있을 때

정말 돕고 싶지만 시간이 없다고 솔직히 말한다. 상대도 기다릴 수 없다면 알아서 다른 사람을 찾을 것이다. 시간이 흐른 후 도움을 준다.

20. 갑자기 급하게 처리할 일이 생겼을 때

예상치 못한 일이 생겨서 일정에 차질이 빚어질 수도 있다. 일부를 조정해야 한다는 사실을 인정한다. 대개는 일시적이기 때문에 상황이 정리되고 나서 도와주겠다고 밝힌다.

남에게 폐만 끼치지 않아도 교양인이다.
그러나 이 정도 의식도 없는 사람이 많다.
이들은 상대의 의사와 상관없이 정보를 살포하거나
전달하는 것 자체가 민폐라는 점을 알지 못한다.

민폐쟁이를 상대하는 가장 현명한 방법은
차라리 그들이 당신을 미워하며 멀어지게 두는 것이다.
비록 그로 인해 무언가 책임지게 되더라도 말이다.

Chapter 2

"미안하지만 도와줄 수 없어."

다른 사람의 감정을 전부 돌보려면

결국 자신의 감정을 무시할 수밖에 없다.

그 사람도 당신을 괴롭히면서 마음이 불편했겠는가?

상대가 숙이고 들어올 때까지 기다리는

'칠종칠금七縱七擒'의 달인이 되어라.

개소리를
정성스럽게 하시네요

〜〜〜〜〜〜〜 엄마는 부엌일과 살림에 평생을 바쳤다. 그리고 누구보다도 자신을 '희생'했다고 생각한다. 사랑과 헌신은 엄마의 특기이며, 자식의 성공과 영광은 엄마 인생의 출발점이자 목적지다. 또한 가정은 엄마의 전장인 동시에 근거지다.

사실 엄마 세대에는 대부분의 여성이 운명처럼 이런 '전통적인 여성'의 삶을 살았다. 가족에게 밥을 해 먹이고 자식을 낳고 기르는 것이 유일한 존재 이유인 양, 대개가 그렇게 살아왔다. 아마 다른 삶의 방식은 꿈꿔보지 못했을 것이다. 그런 그들의 인생을 생각하면 씁쓸하고 안타깝다. 그렇다. 남을 위한 희생이라는 단면만 보면 엄마만큼 착한 사람도 없을 것이다. 하지만 동시에 엄마는 그토록 착했기 때문에 내게 엄청난 상

"미안하지만 도와줄 수 없어."

처를 안겼다.

내가 고향에 갈 때마다 엄마는 엄청난 음식을 만들어 내놓는다. 어찌나 양이 많은지, 그중 절반이라도 먹으면 다행이며 반 이상 버리는 일도 허다하다. 때로는 엄마가 공들여 재료를 씻고 다듬고 찌고 볶는 이유가 음식을 만들었다가 버리기 위한 것처럼 보일 정도다. 엄마도 우리가 이를 마뜩찮게 여긴다는 것을 안다. 또 안 좋은 소리를 들을까 봐 내심 걱정한다. 그래서 식사 때마다 일부러 우리에게 더 많이 먹으라고 계속 권한다. 그중에서도 엄마가 자주 쓰는 수법이 있다.

먼저 한 상 가득 음식을 차려놓고, 내가 잠시 다른 데 정신이 팔린 틈을 타서 내 밥그릇에 음식을 잔뜩 덜어놓는다. 내가 먹든 안 먹든, 일단 넘치도록 '배분'하는 셈이다. 혹여 엄마가 덜어준 음식을 남기면 그날은 종일 엄마의 잔소리가 귀에 날아와 박힌다. 자신이 음식을 많이 해서가 아니라 내가 안 먹어서 음식이 남았다는 것이다. 엄마의 이런 밑도 끝도 없는 강박은 종종 나를 미치기 일보 직전까지 몰고 간다.

아무리 좋은 것이라도 내가 원하지 않는다면 그 자체가 부담이요, 악몽이다. 그런데 하필 나를 사랑하는 사람이 내가 바라는 것을 무시할 때가 너무도 많다. 내가 무엇을 진짜 바라는

지 아무리 얘기해도 그들은 듣지 않는다.

나는 돼지고기 알레르기가 있다. 어려서부터 냄새도 잘 못 맡았다. 그런데 어느 해인가 설을 맞아 본가에 갔다가 기절초 풍하고 말았다. 엄마가 누가 선물로 보내줬다며 소금에 절인 돼지고기를 실내에 떡하니 걸어둔 것이다. 평소 채식을 즐기는 나로서는 집 안 가득 들어찬 누린내만으로도 질려버릴 정도였다. 결국 그 후로 반 달 넘게 집에서 만든 음식을 먹지 못했다. 엄마는 내게 돼지고기 알레르기가 있다는 사실을 알면서도 내가 갈 때마다 돼지고기를, 그것도 아주 많이 사온다. 오직 나의 '편식'을 고치겠다는 일념으로 말이다.

편식은 건강에 나쁘다. 나도 안다. 하지만 알레르기가 있어서 돼지고기를 먹지 않는 것도 편식이라고 할 수 있나? 편식 말고도 나의 '돼지고기 공포증'에는 또 다른 원인이 있다. 우리 고향에서는 설이면 집마다 돼지를 직접 잡는다.

일종의 풍습인데, 호기심 때문인지 다른 이유에서인지 어렸을 때 나 역시 '설맞이 돼지 잡기'에 참여한 적이 있다. 동틀 무렵, 나는 불쏘시개로 쓰일 옥수숫대를 한 광주리 이고 나갔다. 우리 집 돼지를 잡을 차례가 됐을 때는 날이 이미 훤하게 밝은 뒤였기에 나는 모든 과정을 똑똑히 보았다.

"미안하지만 도와줄 수 없어."

먼저 장정 네댓 명이 돼지를 내리눌렀고, 곧 도살자가 날이 긴 칼로 돼지의 멱을 단숨에 찔렀다. 그러자 벌어진 상처에서 시뻘건 피가 쿨럭쿨럭 뿜어져 나왔다. 피가 멎을 때쯤, 돼지는 다리를 몇 번 차더니 더는 움직이지 않았다. 사실 피는 무섭지 않았다. 돼지 목에 생긴, 피와 살점이 모호하게 엉긴 그 칼 구멍이 너무나 무서웠다. 만약 그 자리에서 토하지 않았더라면 나는 아마 기절하고 말았을 것이다.

이 두 가지 일을 계기로 나는 돼지고기를 단순히 싫어하는 정도가 아니라 두려워하게 됐다. 하지만 엄마는 나의 이런 공포를 조금도 이해하지 못했다. 그리고 내가 돼지고기 좀 사오지 말라고, 나는 나물 반찬만 있어도 된다고 아무리 애걸복걸해도 꿋꿋이 돼지고기 요리를 내 눈앞에 들이밀었다. 아마 엄마는 나의 간청을 죽을 때까지 못 들은 척할 것이다. 그래야 그녀의 선량함이 자신이 원하는 방식대로 만족될 테니 말이다.

다른 사람의 말을 듣지 못하는 것은 자폐고, 다른 사람의 의견을 존중할 생각이 없는 것은 이기주의다. 그래서 사실상 어떤 선량함은 '이기주의'의 다른 모습에 지나지 않는다.

엄마는 자신이 매우 착하고 친절하며 인심이 후한 사람이라고 생각한다. 실제로도 언제나 먼저 나서서 기꺼이 남을 돕기 때문에 주변 사람들도 이 점만큼은 인정하는 편이다. 자식조차 들여다보지 않는 동네의 독거 할머니를 챙기며 시시때때로 맛있는 음식을 해서 나른 뒤 뿌듯해하는 모습을 보면 엄마는 확실히 착한 사람이다. 하지만 착한 것 이상으로 통제 욕구가 강하다는 게 문제다.

엄마는 그야말로 모든 일을 진두지휘해야 직성이 풀린다. 그렇다 보니 상대가 자신과 조금만 다른 의견을 내거나 반대해도 낯빛이 순식간에 변하며 원수 보듯 한다. 같은 지붕 아래 사는 사람이든 같이 일하는 사람이든, 큰일이든 작은 일이든 상관없다. 자신과 의견이 같지 않으면 일단 목소리부터 높이고, 자신이 우세를 점하지 못하면 거품을 물고 쓰러진다. 어쩌면 엄마는 자신이 통제할 수 있는 상황에서만 선량한 것일지도 모른다. 그런 선량함은 가짜가 아닐까? 그런 엄마를 바꿀 수 없기에, 그저 외면하고 있다.

우리 인생에서 우리를 이렇게 대하는 사람은 부모뿐만이 아니다. 예를 들자면 연인이 그렇다. 한 번은 남자친구가 선물한 와인을 마시고 너무 취한 나머지 넘어져 다친 적이 있다. 마침 선물한 장본인인 남자친구는 지방에 출장을 가 있었는데, 소식을 듣자마자 즉시 밤 비행기를 타고 돌아왔다. 집에서

"미안하지만 도와줄 수 없어."

혼자 끙끙 앓고 있던 나는 현관문 도어락이 열리는 소리를 듣고 드디어 위로해줄 사람이 왔다는 생각에 반가워서 벌떡 일어섰다. 그러나 내 기대와 달리 그는 들어서면서 짜증을 냈다.

"집 안 꼴이 엉망진창이네. 오늘 청소 안 했어?"

어이가 없었다. 나는 다친 손을 보여주며 말했다.

"나 다친 거 알잖아. 이 손으로 뭘 어쩌라고? 지금 집안일을 했네, 안 했네. 따질 때야? 나한테 잔소리하려고 지금 이 시간에 그 먼 길을 왔어?"

나는 그의 사랑을 이해할 수가 없었다. 내가 다쳤다는 소리에 열일을 제쳐놓고 달려온 것을 보면 분명히 나를 사랑하는 것이리라. 하지만 만나자마자 내 상태를 먼저 살피지 않고 집안일을 왜 안 했냐며 나무라는 모습은 내가 생각하는 사랑과 거리가 멀었다. 남자친구는 내 기분을 무시한 채 계속 말을 이었다.

"그래도 그렇지, 대충 정리 정도는 할 수 있잖아."

나는 너무 화가 나서 뭐든 손에 잡히는 대로 던지고 싶을 정도였다.

"지금 나한테 제일 시급한 건 병원에 가서 상처를 싸매는 일이야. 네가 할 일은 나를 병원에 데려가는 거라고!"

한때 나를 여신처럼 숭배하던 남자는 이제 내 말이 안 들리는 듯했다. 어쩌면 그의 '의도' 역시 원래는 나를 병원에 데려가는 것이었는지도 모른다. 나를 아끼지 않았다면 그 밤중에 달려오지도 않았겠지. 그러나 그는 당장 내가 원하는 것이 무엇인지 살피지 않고, 그저 자기 감정에 사로잡혀 짜증부터 부렸다. 이처럼 상대의 감정을 살필 줄 모르는 사람과 사는 일이 얼마나 힘들고 절망스러운지는 굳이 설명할 필요 없으리라.

엄마도, 남자친구도 의도 자체는 선했다. 다만 그들은 자신의 선의를 정상적으로 표현하는 법을 몰랐고, 바로 그 때문에 나는 그들이 오히려 나를 괴롭힌다고 느꼈다. 또한 내가 아무리 노력해도 긍정적인 반응을 얻지 못한다는 절망감에 내내 시달렸다. 마치 나는 우물에 빠져 있는데 그들이 우물 속에 돌을 계속 던져 넣으며 그걸 계단 삼아 올라오라고 재촉하는 느낌이었다. 내게 정말로 필요한 것은 밧줄인데도 말이다. 하지만 그 사실을 그들은 영영 알지 못할 것이다.

혹시 당신도 '다른 사람을 생각해주는 일'이 많은가? 미안하지만 온종일 고민한대도 당신의 친절함과 배려는 결국 짓밟히고, 상대에게 더 큰 고통을 안길 가능성이 크다. 혹시 누군가 당신의 진짜 감정을 무시하고 고의로 상처를 주는가? 그렇다면 더는 그를 상대하지 말고 어서 벗어나 살길을 찾아라.

"미안하지만 도와줄 수 없어."

사랑을 핑계로 날
휘두르지 마

~~~~~~~~~~~ "행복한 사람은 평생 유년기에서 치유의 힘을 얻고, 불행한 사람은 평생 유년기를 치유하며 보낸다."는 말이 있다. 만약 주변에 당신을 철저하게 통제하려는 사람이 있다면 아직 몸과 마음이 건강할 때 주저하지 말고 떠나라. 당신이 착한 사람이라면 더욱 그래야 한다.

상대를 자신과 똑같이 건강한 인격을 가진 인간으로 대하지 않고 무조건 통제하려는 사람이 있다. 이들은 상대가 자신이 원하는 모습으로 변하기만을 바란다. 상대에게 관심을 보이는 이유도 오로지 이 목적을 이루기 위한 것일 뿐, 상대가 무엇을 원하는지는 알려고 하지도 않는다. 인간관계에서 이들만큼 위험한 존재도 없다.

이들은 사실상 가치 있는 일을 할 능력이 없다. 그렇기에 오로지 다른 사람을 지켜보고 간섭하는 데 에너지를 집중한다. 늘 남을 감시하듯 쳐다보지만 제대로 볼 줄은 모르며, 남과 이야기하는 것은 좋아하지만 제대로 소통할 줄은 모른다. 이들의 머릿속에는 '내가 하고 싶은 것'과 '내가 너에게 바라는 것'밖에 없다.

이들에게는 서로 적당한 거리를 두고 각자 자신의 일을 처리하며 상호 존중한다는 개념 자체가 존재하지 않는다. 오히려 자신은 상대를 위한다고 생각하기 때문에 상대가 자신과 의견이 다른 것을 용납하지 못한다. 만약 상대가 용감히 반발하고, 솔직히 요구하며, 자기 의지를 표현하면 곧장 '양심 없는 인간'으로 매도한다.

이들은 알게 모르게 남의 인생에 쉽게 간섭한다. 물론 이에 대한 문제의식은 없다. 다 상대를 위한 것, 상대를 도와주려는 것이라는 합리적 명분이 있기 때문이다. 심리학에서는 이를 '허구적 일치성 효과false consensus effect'라고 한다. 허구적 일치성이란 객관적 확인 없이 남도 자신과 같을 것이라 짐작하는 경향을 가리킨다. 마찬가지로 우리의 인생 역시 쉽게 간섭당한다. 혹시 남에게 일방적인 관심과 도움을 받고 당황한 적 없는가? 이런 종류의 관심은 기쁨보다는 당황스러움과 고통, 심

"미안하지만 도와줄 수 없어."

지어 괴로움을 안길 때가 더 많다.

이러한 심리적 추측에 사로잡히면 저도 모르게 '집단학대'에 동조해서 타인에게 막대한 피해를 입히기도 한다. E는 그러한 집단학대의 피해자다. 산간벽지에서 1남 2녀 중 둘째 딸로 태어난 그녀는 어려서부터 극심한 차별대우를 받고 자랐다.

남존여비 사상이 심각한 부모는 하나뿐인 아들을 극진히 아낀 반면, E는 천덕꾸러기로 취급하며 집안의 잡일과 온갖 고된 일을 떠맡겼다. 그녀를 공부시킨 이유도 하루빨리 돈을 벌어오게 하기 위해서였다. 그리고 그녀가 돈을 벌기 시작하자 어머니는 기다렸다는 듯 그녀에게 남동생의 결혼 자금을 책임지라고 요구했다. E는 싫다는 말 한마디 하지 못했다. 부모가 '효도'라는 이름으로 가족을 위해 헌신하고 희생하도록 딸에게 강요했다.

마음이 약하고 착하며 순종적인 아이일수록 효도의 희생양이 되기 쉽다. 나머지 가족은 당연하다는 듯 부모와 똑같이 이들을 착취한다. 희생양은 잠깐의 기쁨을 느낄 새도 없다. 반대로 성격이 비열해도 부모의 사랑을 듬뿍 받고 자란 아이는 행복한 어린 시절을 보낸다. 어떠한 '무거운 짐'도 지지 않고 그저 신나게 유년기를 만끽한다.

인간의 두뇌에는 패턴화된 반응 메커니즘이 있다. 대뇌는 어떤 일이 일정 횟수 이상 반복되면 그와 관련해서 더는 새로운 시도를 하려 하지 않는다. 학습된 무기력에 빠지는 것이다. 이는 사실상 '절망'과 같다.

'학습된 무기력'은 미국의 심리학자 마틴 셀리그만Martin Seligman이 제시한 개념이다. 1967년 셀리그만은 유명한 동물 실험을 진행했다. 그는 개 세 마리를 데려온 후, 한 마리는 아무 훈련도 시키지 않고 우리에 한동안 묶어두었다가 풀어줬다. 다른 한 마리는 우리에 묶어두고 전기충격을 가하면서 동시에 레버를 밀어 전기충격을 멈추는 법을 가르쳤다.

마지막 한 마리에게는 전기충격도 주고 레버를 미는 법도 가르쳤지만, 레버를 밀어도 전기충격이 멈추지 않도록 실험을 설계했다. 실험이 끝난 후, 앞의 두 마리는 금세 정상적인 상태를 회복했지만 세 번째 개는 심각한 무기력과 우울증에 빠졌다. 자신이 아무리 노력해도 현재 처한 상황을 바꿀 수 없다는 사실을 깨닫고 극도의 절망감과 우울함에 사로잡힌 것이다.

실험 결과를 좀 더 정확히 하기 위해 셀리그만은 실험을 발전시켰다. 개를 두 집단으로 나누어 해먹에 매달고, 짧지만 강한 전기충격을 가했다. 차이점이라면 첫 번째 집단은 버튼을

"미안하지만 도와줄 수 없어."

코로 누르면 전기충격이 멈췄지만 두 번째 집단은 버튼을 눌러도 아무 변화가 없다는 것이다.

그런 뒤 셀리그만은 두 집단의 개를 함께 철창에 가두고 바닥에 전기를 흘려보냈다. 철창의 높이는 개가 충분히 뛰어넘을 수 있을 만큼 낮았다. 전기가 흐르자 첫 번째 집단은 곧장 철창을 뛰어넘어 고통을 피했다. 그러나 두 번째 집단은 첫 번째 집단이 탈출하는 모습을 보면서도 여전히 그 자리에 머물러서 고통을 견뎠다.

사람도 그렇다. 일정 기간을 노력해도 아무 희망이 보이지 않으면 이내 고통에 적응해버린다. 또한 이전의 노력이 모두 수포로 돌아갔던 기억에 사로잡혀 자신의 처지를 바꿀 수 없다고 단정 짓는다. 그렇다면 우리의 뇌는 왜 한계를 설정하는 것일까?

'수박 겉핥기'라는 말이 있다. 우리 뇌가 그렇다. 무언가를 끝까지 지속한다든지, 절대 포기하지 않는다면 이는 뇌의 변형적 패턴에 속하지, 절대 주된 패턴이 아니다. 어째서일까? 우리는 나쁜 습관을 고치고 싶어 하면서도 왜 좀처럼 바꾸려고 시도하지 못하는가?

정말로 자제력이 없어서일까? 아니면 근본적으로 바꿀 수 없다고 생각하기 때문일까? 답은 후자다. 시도해봤지만 소용없었기에 바꿀 수 없다는 생각이 깊게 자리 잡은 것이다. 실패한 경험 때문에 우리는 아무것도 시도하지 못할 만큼 깊은 절망에 빠져 있다.

앞서 소개한 셀리그만의 실험은 거기서 끝나지 않았다. 또다른 실험에서 셀리그만은 전기충격을 견디며 바닥에 웅크리고 있는 개를 안아 들고 철창을 넘어가 전기가 흐르지 않는 쪽에 내려놓았다. 이런 과정을 두세 차례 반복하자 개는 전기충격을 견디지 않고 곧장 철창을 뛰어넘어 전기충격이 없는 쪽으로 갔다. 무기력한 피해자가 상황을 변화시키는 법을 배우고 환경의 제약을 극복하는 경험을 계속 쌓으면 통제력을 키울 수 있다. 삶의 의지 또한 강화할 수 있다.

수많은 인간관계 전문가는 관계에 문제가 생기면 역지사지 易地思之, 즉 상대의 입장에 서서 이해하는 법을 배우라고 가르친다. 나 자신이 먼저 바뀌어야 비로소 세상도 바뀐다는 논리다. 그런데 왜 다들 무조건 남을 이해하라고만 종용할까? 남이 나를 먼저 이해해주면 안 되나? 자신의 상처도 제대로 감당하지 못하고 허덕이는데 어떻게 다른 사람의 입장을 생각할 수 있을까? 나부터가 넘어져서 일어나질 못하는데 어떻게 다른

"미안하지만 도와줄 수 없어."

사람을 부축하고 타인의 상처를 치료할 수 있단 말인가?

고통과 괴롭힘, 핍박 속에 살고 있다면 지금 당장 당신이 선택할 수 있는 유일한 길은 떠나는 것이다. 자기 불안감을 당신에게 떠넘기며 감당하라고 요구하는 모든 사람에게서 떠나라. 그들을 떠나야만 자신의 상처를 치유할 기회를 얻을 수 있다. 물론 그 길은 결코 쉽지 않으며 어떤 상황이 벌어질지도 알 수 없다. 때로는 더 깊은 수렁에 빠진 것 같고, 차라리 그만두고 싶어질지도 모른다. 그러나 두렵고 고단한 그 길이 바로 나 자신에게 돌아갈 수 있는 유일한 길이다.

스스로의 불안함을 끌어안아라. 남이 떠넘기는 불안감은 버리고, 오로지 나 한 사람 분량의 불안함만을 끌어안아라. 두려울 때 오히려 용감해질 수 있다. 나약할 때가 바로 강해질 기회다.

아무리 좋은 것도 내가 원하지 않으면
그 자체가 부담이요, 악몽이다.
하필 나를 사랑하는 사람이
내가 바라는 것을 무시할 때가 많다.
아무리 얘기해도 듣지 않는다.

타인의 말을 듣지 못하는 것은 자폐고
타인을 존중하지 않는 것은 이기주의다.
어떤 선량함은 '이기주의'에 불과하다.

매일 쾌적하게 사는
사람들의 습관

～～～～～～～～ 얼마 전, 한 신입직원이 나에게 불만
을 터뜨렸다. 내가 자꾸 숨기기만 하고 일을 잘 가르쳐주지 않
는다는 것이다. 그 말에 나는 씁쓸하게 웃었다. 막무가내 '핑프
족'(핑거프린세스 혹은 핑거프린스의 줄임말로 간단한 정보조차 스스로 찾
아볼 생각을 하지 않고 무작정 물어보는 사람을 가리킴-역주)이었던 과
거의 자신이 떠올랐기 때문이다.

예전에 나는 능동적으로 무언가를 배우려고 하기보다는 늘
다른 사람이 어떻게 하라고 일러주기만을 바랐다. 스스로 노
력하지 않았으며, 그저 남이 기회를 주거나 도와주기만을 기
다렸다. 교정 업무를 막 시작해서 아직 문장의 규칙과 용법이
익숙하지 않았을 때, 나는 거의 모든 업무를 상사에게 묻고 의
지했다.

이 단어의 한자 표기는 무엇인가요? 이 문장에서 연결사를 이렇게 써도 될까요? 해면이 진짜 동물이에요? 좌간우폐左肝右肺라는 단어는 틀린 것 아닌가요? 문서에서 중복된 단락은 어떻게 삭제해요? 이 단락 고치는 것 좀 도와주세요, 이 원고 좀 봐주세요…. 결국 인내심이 한계에 다다른 상사가 내게 일갈했다. "무조건 묻지 말고 알아서 좀 해!"

세월이 흐르고 회사의 '원로급 인물'이 되자 내게도 과거 나의 상사에게 벌어졌던 일이 벌어지기 시작했다. 신입들이 질문거리를 들고 계속 찾아오는 것이다. 처음에는 질문에 다 답해주고 부탁도 전부 들어줬다. 그랬더니 어느 순간부터 신입들이 나를 무급 비서처럼 여기기 시작했다. 심지어 내가 처리하라고 준 업무를 나에게 다시 들고 와 부탁하는 일까지 벌어졌다. 과거 나의 상사가 그랬듯이 나도 인내심에 한계를 느끼며 같은 말을 내질렀다. "알아서 좀 해!"

나를 더욱 화나게 만든 것은 내가 도와준 다음에 그들이 한 말이었다. "사실 설명해주신 큰 틀은 전부 이해했어요.", "제게 주신 자료를 찾아보면 알 수 있었을 텐데, 직접 와서 여쭤보는 게 더 빠를 것 같더라고요.", "말씀해주신 기준을 알고는 있지만 직접 물어보면 확실하지 않을까 했지요."

"미안하지만 도와줄 수 없어."

그들은 가장 모욕적인 방식으로 내게 이렇게 말하고 있었다. '내가 해볼 생각이 없어서 그렇지, 마음만 먹으면 당신이 수년간 쌓아온 경험과 지식쯤은 단숨에 따라잡을 수 있어. 마음만 먹으면 얼마든지 당신만큼 일할 수 있다고.'

나는 그제야 과거의 내가 상사를 얼마나 무례하게 대했는지 깨달았다. '핑프족'이 가증스러운 이유는 너무 쉽게 요구하고 도움을 바라기도 하지만 그 이상으로 상대의 배려와 희생을 우습게 여기기 때문이다. 우리 사회는 타인의 인정에 지나치게 의지한다. 세포에 새겨져 있다 해도 과언이 아니다. 그런가 하면 어떤 사람은 책임을 회피하려는 의도로 남의 말을 듣기도 한다. 결정을 내리는 주체가 자신이 아닌 남이기 때문이다. 이러면 실패해도 자책이나 자기비하의 늪에 빠지지 않을 수 있다.

같은 맥락에서 남에게 상처를 줄까 봐 거절하지 못한다는 사람들은 알고 보면 자신의 나약함과 의존성을 상대에게 투사했을 가능성이 높다. 다른 사람이 상처받을까 봐 두려워하는 그 부분이 사실은 자신의 가장 치명적인 약점인 셈이다. 구체적 원인이야 무엇이든 남에게 의존하는 가장 큰 이유는 자아가 충분히 강하지 않아서다.

과거의 나는 부모님에게 둘도 없는 효녀이자 집안의 대들보였다. 회사에서는 '든든한 큰언니'였고 친구들에게는 칼을 차고 천하를 유랑하는 '검객'이었으며 연인 앞에서는 완벽한 '여신'이었다. 무슨 문제든 해결했고, 아무것도 바라지 않았다. 나는 나의 뛰어남을 증명하려 노력했지만 결과적으로는 무시당할 때가 훨씬 많았다. 사람들 앞에서는 웃었지만 밤마다 혼자 눈물을 흘리는 날이 많았다. 그때는 힘들어도 견뎌야 한다고 생각했다. 그러다 나 자신을 구하기로 결심한 후 몇 가지 중요한 점을 배웠고, 결과적으로 내 인생은 한결 편해졌다.

　　첫째, 선택적으로 '경청'하는 법을 배웠다. 사람들은 흔히 남의 말을 잘 들어주고 상대의 입장을 먼저 배려하며 타인의 요청에 최선을 다해 응하는 것이 인간관계의 바른 자세라고 말한다. 그러나 모든 사람을 그렇게 대해야 하는 것은 아니다. 특히 자기 하소연만 늘어놓거나 각종 가십을 퍼뜨리고 다니는 이들은 오히려 경계해야 한다. 이들은 늘 주변 사람을 흉보거나 온갖 일에 불만을 늘어놓는다.

　　"사람들 참 수준 떨어져. 두부를 사는데 새치기를 하더라고. 오늘도 어떤 사람이 바로 내 앞으로 끼어드는 거 있지? 생긴 대로 논다더니 얼굴 보니까 그 말이 꼭 맞아."

　　"아휴, 내가 안 도와줬으면 어쩔 뻔했어. 내가 한눈팔면 이

　　　　　　　　　　　"미안하지만 도와줄 수 없어."

렇게 문제가 터진다니까."

"Y 알지? 집안도 좋고 공부도 많이 했고 강의 한 번 할 때마다 몇백만 원씩 받는다는 그이 말이야. 그런데 세상에나, 남편한테 맞고 산다네?"

"돈이 아무리 많아도 무슨 소용이야. X를 봐, 폐암 걸려서 반년도 못 살고 갔잖아."

만약 그들이 스스로 삼가며 적당한 선에서 그친다면 나도 문제 삼을 이유가 전혀 없다. 그러나 이들에게는 전형적인 특징이 있는데, 바로 아는 사람만 만나면 때와 장소를 가리지 못하고 남을 폄훼하는 이야기를 늘어놓는다는 점이다. 당신이 아무리 바쁘대도 아랑곳하지 않고 자기가 만족할 때까지 하소연을 그치지 않는다. 이 얼마나 짜증스러운 일인가!

당신이 어떤 방면에 전문가이거나 어떤 자원을 갖고 있다는 사실을 알고 문제가 생길 때마다 찾아오는 사람도 있다. 잘 도와줄 때는 고맙다는 둥, 당신은 정말 좋은 사람이라는 둥 공치사를 잊지 않지만 한 번만 거절해도 그들 입에서는 곧장 이런 말이 쏟아져나온다.

"이런 사람일 줄은 몰랐네요. 형편이 어려워 좀 도와달라는데 어떻게 그렇게 매정할 수 있어요?"

심한 경우에는 여기서 그치지 않고, 이 일을 무슨 뉴스라도 되는 양 퍼트리고 다니며 당신을 '속 좁은 사람'으로 매도한다. 이들은 자신의 의견에 당신이 동의하지 않으면 무조건 당신의 인격에 문제가 있다는 식으로 나온다. 자신의 잘못된 방식을 당신에게 강요하며 이러저러해야 사회생활을 잘하는 것이라고 가르친다. 그러다 당신이 듣지 않으면 또다시 인격에 문제가 있다고 손가락질한다.

결론적으로 이런 사람과 교류하는 것은 그 자체가 '인생의 재앙'이다. 그러니 하소연을 늘어놓는 사람 모두에게 마음을 쓸 필요는 없다. 만약 상대의 이야기를 듣는 것이 시간 낭비라고 느껴진다면 체면 불구하고 딱 잘라 거절해야 한다.

둘째, 적당히 '눈치 없이 구는 법'을 배우고 인생이 한결 편해졌다. 대개는 상대가 어떤 화제를 꺼냈을 때 적절히 맞장구치면서 대화를 능동적으로 이어나가는 사람을 '눈치 있다.'고 한다. 물론 눈치 있게 굴면 상대를 기분 좋고 편안하게 해줄 수 있다. 그러나 단지 상대를 만족시키기 위해 자신은 흥미조차 없는 화제에 일일이 적극적으로 반응한다고 생각해보자. 이 얼마나 피곤한 일인가.

눈치 있다는 말에는 다른 사람의 비위를 맞출 줄 아는 것

"미안하지만 도와줄 수 없어."

도 포함된다. 상사의 생일이나 동료의 취미를 기억해두었다가 적절한 때에 깜짝 선물을 하면 센스 있는 사람으로 보일 수 있고, 직장 생활도 한결 쉬워진다. 하지만 나는 남의 생일은커녕 내 생일조차 가족이 알려줘야 기억하는 사람이다. 심지어 이런 고질병을 아는 가족이 하루 전날 미리 얘기해줘도 다음 날이면 까먹는 바람에 어머니에게 한숨 섞인 잔소리를 듣기 일쑤였다.

나는 비효율적인 사교활동도 좋아하지 않는다. 처음에는 싫어도 억지로 나갔지만, 어느 순간부터 내게 별다른 의미가 없는 자리는 전부 거절했다. 관심도 없는 사람들과 어울리기 위해 재미없는 파티에 굳이 참석할 이유가 없기 때문이다. 세상에는 흥미롭고 재미있는 일이 정말 많다. 그럼에도 단지 상대의 기분에 맞추기 위해 재미없는 일, 재미없는 사람과 계속 타협한다면 이게 바로 '자기학대'가 아니겠는가. 위의 두 가지 태도를 배운 후 나의 삶은 훨씬 쾌적해졌다.

살다 보면 당신이 타협해주기를, 자신의 기대를 채워주기를 바라는 사람을 많이 만나게 된다. 말이 좋아 타협이지, 그들이 진짜 원하는 것은 자기 이기심의 충족일 뿐이다. 곰곰이 생각해보자. 타협할 때마다 오히려 더 무시당하지 않았는가?

정말 하고 싶은 일을 할 수 있는 귀한 시간을 빼앗기지 않았는가? 만약 그랬다면 이제는 눈치 있게 굴지 마라. 원하는 바를 당당히 말해서 그들이 더는 당신에게 손해를 입히지 못하도록 하라.

거절해야 할 때 거절할 줄 알아야 한다. 계속 타협할수록 궁지에 몰리는 것은 결국 자기 자신이다.

"미안하지만 도와줄 수 없어."

**괜찮아,
네 잘못이 아니야**

～～～～～～～～～～ 미국 뉴욕의 한 병원에서 의료사고가 벌어졌다. 근무 3년차인 간호사 J는 환자에게 약을 잘못 투여했다. 기상 이변으로 입원 환자가 급증하면서 갑자기 바빠지는 바람에 생긴 착오였다. 다행히 금방 발견한 덕에 큰 사고로 이어지지는 않았다.

그러나 병원 관리부서는 즉시 책임 소재를 파악하는 데 나섰다. 먼저 간호사실 컴퓨터에서 가장 최근의 병력을 확인한 뒤, J가 담당한 구역의 환자가 30퍼센트나 증가했는데도 간호인력이 충원되지 않았다는 사실을 알아냈다. 이윽고 인원 배치를 제대로 하지 못한 탓에 J에게 과중한 업무가 집중되면서 피로가 쌓인 것이 사고의 원인 중 하나로 지적됐다.

뒤이어 병원 HR부서는 질의를 통해 J에게 갓 2살 된 아이가 있는데 최근 어린이집에 적응하지 못해 밤마다 운다는 사실을 알아냈다. J는 집에서도 제대로 쉬지 못한 셈이다. 조사원은 J를 제대로 도와주지 않은 병원의 상담 심리 전문가도 징계 대상이라고 판단했다.

책임 추궁은 제약회사에까지 미쳤다. 조사해보니 자주 처방되는 약품 몇 종의 모양과 색깔이 매우 비슷했던 것이다. 경력 있는 의료인이라도 충분히 주의를 기울이지 않으면 얼마든지 헷갈릴 수 있을 정도였다. 이에 병원은 제약회사에 간호사가 약품을 혼동하는 실수를 줄일 수 있도록 약품의 포장 혹은 형태를 바꿔달라고 요구했다.

이후 병원의 상담 심리 전문가가 J를 찾아가 환자 배상 문제는 보험회사에서 알아서 처리할 것이니 걱정 말라며 극도의 긴장 상태에 있는 J를 안심시켰다. 그리고 지역사회에서 제공하는 아이돌보미 서비스를 10시간 이상 받을 수 있도록 연결해주었다. 그 후로 자원봉사자가 아이를 돌봐준 덕분에 J는 야근을 마치고 집에 돌아가서 충분히 쉴 수 있었다. 또한 병원은 아이가 유치원 생활에 적응할 때까지 J가 아이와 함께할 수 있도록 특별휴가를 제공했다.

만약 똑같은 일이 우리 주변에서 벌어졌다면 어떻게 됐을

"미안하지만 도와줄 수 없어."

까? 아마 병원 책임자는 가장 먼저 J에게 손가락질했을 것이다. "이런 초보적인 실수를 하다니, 제정신입니까? 요새 환자들 무섭습니다. 별것 아닌 일로도 매일 소송 위협이에요. 지금 당신이 병원을 얼마나 곤란하게 만들었는지 알아요?"

그러고 나선 긴급회의를 열고 환자와 간호사실, 병원에 손해를 끼친 책임을 물어 J를 감봉 처분한 뒤 그녀가 모두의 질책을 받도록 온 병원에 알리지 않았을까? 그만하면 다행이다. 더 심하면 환자가 나쁜 마음을 먹고 소송을 걸 수도 있고, J의 실명이 매스컴에 오르락내리락할 수도 있다. 어쩌면 이런 내용으로 대서특필될지도 모른다.

"충격! 바쁘면 실수해도 괜찮은 것인가? 집도의가 바쁘면 엉뚱한 환자를 수술해도 될까? 마취의가 바쁘면 마취약 용량을 잘못 계산해도 되는 일인가? 그렇게 따지면 교수가 바쁘다는 이유로 학생에게 잘못된 지식을 가르쳐주거나, 택시기사가 바쁘다며 승객을 목적지가 아닌 곳에 내려줘도 된다는 이야기인가?"

심지어 "자기 아이밖에 모르는 간호사가 환자에게 잘못된 약을 투여하다."는 식의 신문기사가 연이어 쏟아지면서 간호사 개인에게 비난의 화살이 집중될지도 모른다. 이처럼 사회문제를 이성적으로 판단하는 능력이 결여된 상태에서는 '보이는 문제' 뒤에 숨겨진 진짜 문제의 맥락을 주관적, 능동적으로 짚어낼 수가 없다.

'착한 사람'은 대개 자신을 질책하는 습관이 있다. 모든 일을 자기 잘못으로 돌리는 것이다. 그런데 알고 보면 다른 사람은 당신의 반성과 자책이 필요 없다. 당신이 스스로 비하하는 탓에 오히려 상황이 비극에 빠지곤 한다.

당신은 어떻게 비춰지고 싶은지에 따라 스스로를 표현하는 방식을 결정할 수 있다. 만약 다른 사람이 당신의 가장 진실한 모습을 좋아해준다면 당신은 진실하게 살 수 있다. 그러나 단면밖에 봐주지 않는다면 그 단면에 집착하며 살게 된다. 어찌해도 남이 자신을 봐주지 않으면, 다른 사람의 눈치를 보고 마음을 읽어서 거기에 맞춰 자신의 존재감을 드러내는 고급 기술을 연마하게 될 것이다.

사람은 누구나 남이 자신을 봐주기를, 자신의 목소리를 들어주기를 간절히 바란다. 그러나 이 사회와 가정은 언제나 남이 원하는 것을 먼저 생각하고, 남이 듣고 싶어 하는 말을 하며, 남의 바람을 먼저 채워줘야 비로소 자신이 바라는 것을 얻을 수 있다고 가르쳐왔다. 그 결과 우리는 자신이 바라던 바가 좌절될 때마다 저도 모르게 '자기 탓'이라고 생각하게 됐다.

"미안하지만 도와줄 수 없어."

심지어 스스로 그렇게 생각하지 않아도 주변 사람들이 은연중에 그런 확신을 주입한다. '네가 인간관계에서 상처받은 이유는 상대의 기대를 만족시키지 못했기 때문이니, 상처받아도 마땅하다.'는 식으로 말이다. 그러면서 자신의 내면을 관찰하고 자기 잘못을 반성하라고 재촉했다. 모든 것이 내가 충분히 잘하지 못해서라는 점을 거듭 각인시키는 것이다.

왜 이런 일이 벌어질까? 사회 특유의 상명하달과 인맥에 의존하는 관계가 만들어낸 현상이다. 이런 사회에서는 자기반성을 충분히 하고 의존할 수 있는 관계를 더 많이 가질수록 더 좋은 자원분배 권한과 더 큰 안정감을 가질 수 있다. 그 결과 최종적으로 남에게 더 많이 '보일' 기회를 갖게 된다.

이러한 상황은 이 사회 전반에 걸쳐 매우 특색 있는 '자기반성 문화'를 만들어냈다. 모두가 '자아성찰', '자기 내면 탐구'라는 기치 아래 자의식을 '소멸'하기 시작했다. 그러자 외부세계와 마찰이 생기면 전부 자기 잘못으로 돌리고 '나 자신을 추궁하는' 일이 당연해졌다. 자신을 추궁하는 것이 당연한 문화에서 자라면서 우리는 자기 내면이 아닌 바깥을 기준으로 사는 법을 배웠다. 많은 이가 외부에 잘 보이기 위해서라면 자의식을 없애는 일까지 불사한다. 현실이 이러하기에 대만의 전 문화부장관이자 작가인 룽잉타이龍應臺의 말이 마음을 울린다.

우리는 목숨 걸고 100미터를 성공적으로 주파하는 법을 배웠다. 그러나 달리다 넘어졌을 때 자신의 존엄을 지키는 법은 배우지 못했다. 무릎이 깨져 피가 흐를 때 어떻게 상처를 씻고 싸매야 하는지, 아무도 우리에게 가르쳐주지 않았다. 견딜 수 없을 만큼 고통스러울 때 어떤 표정으로 다른 사람을 대해야 하는지도, 철저히 나동그라졌을 때 어떻게 피범벅인 상처를 치료하고 영혼의 안식을 얻을 수 있는지도 배우지 못했다. 우리 중 누구도 유리처럼 산산이 부서진 마음을 그러모아 회복시키는 방법을 알지 못한다. 아무도 알려주지 않았기 때문이다.

이상한 상하 관계, 이상한 부부관계, 이상한 의사와 환자 관계, 그 밖의 모든 이상하고 불편한 인간관계는 전부 이런 '동류의식'이라는 거센 흐름의 산물이다. 나 자신이 아닌 바깥을 보도록 강요당하는데, 무슨 수로 스트레스받지 않겠는가. 인간관계에서 받은 모든 상처가 전부 내 잘못이라는데, 무슨 수로 좌절하지 않겠는가. 이 모든 것은 당신의 잘못이 아니라고, 적어도 당신 한 사람만의 잘못은 아니라고 말해준 사람이 과연 있었는가.

나의 내면을 편안히 대할 수 있어야 비로소 외부세계를 기쁘게 바라볼 수 있다. 따라서 자기 내면 관찰은 나의 불완전함

"미안하지만 도와줄 수 없어."

을 찾는 과정이 아니다. 나는 본래 완전하다. 다만 환경의 영향으로 인해 외부를 인지하는 방법에 문제가 생겼을 뿐이다. 그 탓에 전체를 보지 못하고 부분에 사로잡혀서 대다수 사람이 그러하듯 스스로 상처 입히기 쉬운 심리적 반응 패턴, 행동 논리를 갖게 된 것이다.

이 사실을 깨달아가는 것이 바로 진정한 의미의 내면 관찰이다. 진정한 자기 내면 관찰이란 자신이 관계에서 느꼈던 갈망과 억압을 깨닫고, 잘못된 인식을 하게 된 배후의 본질을 명확히 발견하는 것이다. 윗사람과 주변에 맞춰야 한다는 환경의 압박 때문에 당신은 자기 자신을 잃었다. 우리 모두 스스로 잘못하지도 않은 일 때문에 자기 속에 갇혔고, 소위 주류적 문화 때문에 자신 속에 갇혔다.

'자기 내면 관찰법' 중 상당수는 자신의 감정을 죽여야 한다고 우리를 몰아붙인다. 또 원하던 바를 얻지 못해 화내고 원망하는 것 자체를 잘못이라고 가르친다. 마치 희로애락을 느끼면 안 된다는 듯이, 우리에게는 자아의 존재를 느낄 자격이 없다는 듯이 몰고 간다. 인간으로 태어났는데 인간답게 살지 말라는 식이다. 이는 생명의 본질적 욕구를 전혀 존중하지 않는, 지극히 무례한 처사다. 만약 기쁨과 슬픔, 분노와 쾌락, 사랑과 증오 같은 감정을 느끼지 못한다면 살아갈 이유가 없다. 살아 있는 이상, 살아 있음에 충실한 것만이 삶의 질곡을 벗어나는 유일한 방법이다.

아예 인격을 다시 만들어서 내면적으로 완벽한 평정과 통달한 사고를 가질 수 있는 신묘한 방법이 있다고 해도 이를 수련할 수 있는 사람은 인생 경력이 기구한 사람일 것이다. 게다가 누군가 수련을 통해 "산은 산이요, 물은 물이로다."의 경지에 이르렀다고 주장해도 당사자가 아닌 이상 진실은 알 수 없다. 쉽게 말해서 정말 초월했는지 아니면 무력하게 순응하고 포기했는지, 그 사실은 자기 자신밖에 모른다. 결국 우리는 자기 내면을 성찰해야 한다고 그렇게 외치면서도 단 한 번도 자신의 내면을 제대로 들여다본 적이 없는 셈이다. 안타깝지만 사실이다.

진정한 자기성찰이란 무엇일까? 현재의 나 자신에게서 한 발자국 물러나 나를 옭아매고 있는 촘촘한 격자를 객관적으로 보는 것이다. 내가 무엇에 집착하고, 무엇 때문에 아프며, 어떻게 해야 풀려날 수 있는지를 발견하는 것이다. 그러려면 명상 클래스 한 번만 들으면 문제가 다 해결될 것처럼 맹신하거나 이름만 거창한 얼치기 전문가를 찾아가 되지도 않는 위로를 구하기보다는 먼저 나 자신을 정돈하고 인식 논리를 다시

"미안하지만 도와줄 수 없어."

세워야 한다.

무엇보다도 나 자신을 몰아세우지 말고 있는 그대로 볼 필요가 있다. 상처받은 후 내 인생의 '악플러'로 변해 "인생 뭐 있어, 다 허무해."라는 말을 입에 달고 다닌다면 자기 자신을 제대로 보려 하지 않은 것이다. 우리가 가장 먼저 배워야 할 것은 어떤 관계에서든 '나'라는 본체를 명확히 인식하는 일이다.

이 관계에서 내가 진짜 원하는 바가 무엇인지, 내가 왜 이런 감정을 느끼는지를 우선적으로 살펴야 한다. 당신이 남자든 여자든, 어른이든 아이이든, 미혼이든 기혼이든 상관없다. 또 직장 내 관계든 부모 자식 관계든 부부관계든, 모든 관계 속의 고통과 기쁨은 모두 당신의 상처를 비춰 보여준다. 그렇다. 기쁨조차도 당신이 이 관계에 얼마나 의존하고 있는지를, 자신과 외부의 충돌을 해결하는 것이 얼마나 중요한지를 말해준다.

일방적으로 세상에만 관심을 집중하지 말고 스스로 들여다보라. '자신을 억누르는' 방식으로 관심을 얻으려 하지도 말고, 자기 자신을 괴롭히지도 마라. 나만큼 나 자신을 많이 겪어본 사람은 없다. 그렇기에 나의 길을 열어가고자 한다면 남에게 의지해서는 안 된다. 물론 착해야 하지만 늘 상처를 입을 정도

여서는 곤란하다. 선한 마음을 지키되, 나의 선함이 다른 이가 나를 함부로 짓밟는 근거가 되어서는 안 된다.

물에 빠진 사람을 구하고 싶다면 자신은 적어도 강가에 안전히 서 있어야 한다. 진정한 선량함은 원칙과 관련된 문제이지, 무조건 자신을 희생하고 헌신하는 것이 아니다. 나 자신의 적이 되지 마라. 다른 사람의 혓바닥 위에서 놀아나지 마라. 스스로 귀하게 여기지 않고 학대하는 사람은 타인에게 더 큰 학대를 받게 된다. 당신은 스스로 충분히 잘 대해줄 자격이 있으며, 타인의 선의를 받을 만한 가치가 있다.

"미안하지만 도와줄 수 없어."

착한 사람은 대개 자신을 질책하는 습관이 있다.
인간관계에서 받은 상처가 전부 내 잘못이라는데
무슨 수로 좌절하지 않겠는가.

타인을 만족시키기 위해 자신을 억누르지 말고,
자기 자신을 괴롭히지도 마라.
당신이 어떻게 비춰지고 싶은지에 따라
스스로 표현하는 방식을 결정할 수 있다.
당신의 친절이 당신을
함부로 대하는 근거가 되어서는 안 된다.

'No'라고
말할 용기가 필요해

～～～～～～～ 혼자 길을 가다 보면 종종 이런 사람들이 길을 가로막는다.

"아가씨, 피부가 너무 건조하네요. 공짜로 수분 마사지를 해드리고 있는데 받아보실래요? 몇 분이면 돼요."

"고객님, 무료로 피부 타입 체크 받아보세요."

"잠깐 설문조사에 응해주실 수 있을까요?"

상대가 끈질기게 달라붙으면 이런 요구를 거절할 배짱이 부족한 여성들은 그만 고개를 끄덕이고 만다. 그리고 마사지 팩을 붙이고 있는 동안 판촉 사원에게 자기 피부의 결점을 지적받으며 온갖 미용법과 화장품을 추천받는다.

그렇게 상대의 열성적인 설명을 듣고 있노라면 눈앞에 들이미는 화장품을 전부 거절하기가 어쩐지 미안하게 느껴진다.

"미안하지만 도와줄 수 없어."

결국 그녀들은 필요하지 않은 화장품을 쇼핑백 하나 가득 사들고 나오기 마련이다. 심한 경우, 고가의 피부관리 코스를 결제하고 나오기도 한다. 이 모든 것이 겨우 몇 분 안에 일어나는 일이다.

홍보당하느라 잔뜩 지치기도 하고 배도 고파서 식당을 찾아가 자리에 앉는 순간, 문득 당했다는 생각이 든다. 기분은 찝찝하지만 어쨌든 먹어야겠으니 음식을 주문하는데, 주문이 끝나자마자 종업원이 친절한 태도로 오늘의 스페셜 요리를 추천한다. 이미 먹고 싶은 음식을 시켰지만 종업원의 강력하고 열정적인 추천에 또다시 거절하기 미안한 마음이 생기고, 마침내 요리 하나를 더 주문하고 만다. 그 결과는?

더부룩할 만큼 부른 배를 쓰다듬으며, 테이블 위의 다 먹지 못한 음식을 바라본다. 옆에 놓인 무거운 쇼핑백을 들어 올리며 그녀는 우울해진다. 왜 기쁘기는커녕 사기당한 느낌이 드는 것일까? 찝찝한 마음으로 집에 돌아온 그녀들은 스스로 탓한다. '난 정말 바보 같아! 어쩜 그렇게 멍청하게 넘어갈 수가 있지?'

만약 화장품 판매원이 처음부터 직접적으로 물건을 사라고 했다면 아마 그렇게 어리석게 넘어가지 않았을 것이다. 그나마 위로하자면 아무리 똑똑한 사람이라도 노련한 판매원의 손아귀에서 벗어나기란 쉽지 않다. 대개는 홀리기라도 한 듯 그들이 정밀하게 파놓은 함정에 빠지기 일쑤다.

'팔겠다.'고 작정하고 접근한 사람에게 조금씩 '세뇌'되다 보면 소비심리를 억누르기가 힘들다. 물론 이런 수법에 걸려들어서 돈 좀 썼다고 인생에 큰 문제가 생기진 않는다. 그러나 그렇게 한 번 당하고 나면 어쩔 수 없이 자괴감이 드는 것도 사실이다.

사람은 자신을 통제할 힘이 있다. 그렇기에 대개는 타인이 선의를 베풀면 그 선한 마음을 짓밟지 않기 위해서라도 자기 욕심을 억누를 줄 안다. 다시 말해 자신의 어떤 필요가 채워지면 상대에게 그 이상으로 무리한 요구를 하지 않는다는 뜻이다.

우리는 어려서부터 양심 있는 사람이 되라고, 또 양심 없는 사람을 멀리하라고 배웠다. 하지만 사람은 결코 완벽할 수 없다. 누구나 불완전한 면이 있으며 때로는 감정에 휩쓸리기도 한다. 의외의 일이 벌어지면 긴장하고, 불공평한 일을 겪으면 화가 난다. 사랑을 잃으면 절망하고, 괴롭힘당하면 원망이 생긴다. 그럴 수밖에 없다. 인간의 본성이기 때문이다. 게다가 본성은 바꾸기도 힘들다.

"미안하지만 도와줄 수 없어."

자신의 감정과 생각도 다스리기 어려운 마당에 타인의 양심과 선의는 더더욱 말할 필요가 없다. 심지어 어떤 사람은 남이 자신에게 선의를 베풀었다는 사실조차 인식하지 못한다. 이런 사람에게는 아무리 선의를 베풀어도 똑같이 선의로 보답받기를 기대할 수 없다. 이른바 '착한 사람'들은 평소 선하고 온화한 성격이 두드러진다. 그렇다 보니 나쁜 마음을 먹고 이용하려는 사람이 쉽게 꼬인다. 이들은 특히 감정적 협박을 이용해서 자기 잇속을 챙기는데, '착한 사람'은 스스로 보호하는 능력이 부족한 탓에 감정적 협박에 넘어가 원치 않는 일을 하기도 한다.

심리학에 '문전 걸치기 기법foot-in-the-door technique'이라는 개념이 있다. 1960년대 미국 캘리포니아주 팔로알토 시의 어느 주택가, 한 청년이 아침부터 집마다 돌아다니며 벨을 눌렀다. 문을 열고 나온 주민들에게 청년은 자신을 '지역사회 안전 운전 공익활동'의 대표라고 소개했다. 그는 물건을 팔지도, 다른 홍보를 하지도 않았다.

다만 잔디가 깔린 앞마당에 '안전운전'이라고 적힌 커다란 표지판을 세울 수 있게 해달라고 부탁했다. 푸른 잔디밭을 절반 넘게 가릴 만큼 크고 흉한 표지판이었다. 청년이 방문한 집은 총 100곳이었다. 과반수가 넘는 65퍼센트의 주민이 청년의 요청을 거절했지만 허락한 주민도 35퍼센트에 달했다. 그들이 자기 집 앞마당에 보기 싫은 표지판을 세우는 일에 동의한 이유는 무엇일까?

사실 한 달 전에도 '교통안전 주민위원회'의 자원봉사자라는 사람이 찾아와 똑같은 요청을 했었다. 다만 그때는 표지판이 8제곱미터 정도로 작았고, '안전운전'이라는 글씨도 예쁜 폰트로 정갈하게 쓰여 있었다. 당시에는 절반에 가까운 주민이 동의했다. 데이터를 분석한 결과, 앞서 작은 표지판을 세우는데 동의했던 주민 중 55퍼센트가 큰 표지판을 세우는 일에 찬성한 반면, 전에 동의하지 않았던 주민 중에서 찬성한 비율은 겨우 17퍼센트에 불과했다.

처음에 사소한 부탁을 하면 사람들은 대개 쉽게 들어준다. 그리고 남을 잘 돕는 사람, 혹은 잘 베푸는 사람이 된 기분에 뿌듯해한다. 한 번 이런 기분을 느끼면 다음에 또 부탁을 받았을 때 기꺼이 응하고자 하는 마음이 절로 생긴다. 이런 심리를 이용한 것이 바로 '문전 걸치기 기법'이다.

처음에는 부담스럽지 않은 작은 부탁을 하고 상대가 이에 응하면 조금씩 더 큰 부탁을 해서 마침내 목표한 바를 이루는

"미안하지만 도와줄 수 없어."

방법으로, 실제 마케팅에서 자주 쓰이는 전략이며 확실한 효과를 자랑한다. 앞서 소개한 사례처럼 미끼 상품이나 서비스를 제안한 뒤 끌어들이는 것도 여기에 속한다.

살다 보면 일상생활에서도 문전 걸치기 효과를 종종 경험하게 된다. "행랑 빌리면 안방까지 든다."는 속담이 괜히 생긴 게 아니다. 실제로 거절하기 미안하다는 이유로 사소한 부탁을 몇 번 들어주다가 결국 코 꿰고 손해 보는 일이 얼마나 많은가.

인간의 인지 체계에는 연속성이 있다. 사람은 누구나 '나는 어떠한 사람'이라는 판단을 갖고 있으며, 그런 사람이라면 마땅히 해야 한다고 생각하는 일을 한다. 그리고 대개는 자신을 '남을 잘 도와주는 사람'으로 포지셔닝한다. 남의 사소한 부탁을 거절하기 미안하다고 느끼는 이유도 무의식중에 스스로 '잘 도와주는 사람'이라 정의하고 있기 때문이다.

게다가 부탁을 들어주고 나면 '남을 잘 도와주는 사람'이라는 환상이 충족되고 더욱 강해진다. 결과적으로 다음번에 상대가 더 큰 부탁을 하면 이런 환상을 유지하고 싶다는 욕구가 더해지면서 거절하기가 더욱 미안해진다. 심리학에서는 이를 가리켜 '인지 부조화'라고 한다. '문전 걸치기 기법'에 당하지 않으려면 다음의 몇 가지를 염두에 두어야 한다.

1. 맑은 머리를 유지한다.

세상에 '공짜 점심'은 없다는 점을 기억하고, 거절해야 할 일은 확실히 거절한다. 심리학적으로 '미안함'이란 매우 애매하며 남에게 얼마든지 이용당할 수 있는 감정이다. 미안함에 사로잡히면 결국 수동적 선택을 하고 손해를 입기 쉽다.

2. 어리석음의 일관성에 빠지지 않는다.

사람은 외면적 결정과 행동에 자신의 내면을 일치시키고자 하는 욕망과 압박을 느끼는데 이를 가리켜 '인지 일관성'이라고 한다. 인지의 일관성을 유지하고자 하는 이유는 그것이 적응성 높고 존중받을 만한 행동으로 여겨지는 반면, '앞뒤가 다른 것'은 신뢰할 수 없고 변덕스러우며 권할 만하지 않은 행동으로 여겨지기 때문이다. 그러나 자신이 심각한 손해를 입을 수밖에 없는 상황이라면 일관성의 원칙을 과감히 버려야 한다. 그런 상황에서조차 일관성을 유지하려는 것은 어리석은 짓이다.

3. 스스로 마지노선을 정한다.

마지노선이란 최소한의 조건 혹은 한계를 의미한다. 일할 때는 반드시 마지노선이 있어야 하며 이 선을 넘는 요구는 분명

"미안하지만 도와줄 수 없어."

히 거절해야 한다. 거절하기 미안하다는 이유로 남에게 코 꿰여 끌려다녀서야 되겠는가. 결국은 나 자신만 손해 볼 뿐이다.

4. 쉽게 약속하지 말고 심사숙고한 뒤에 행동한다.

말하기 전에는 반드시 깊이 생각하고, 심사숙고한 뒤에 행동에 옮기며, 함부로 약속하지 마라. 특히 근본적으로 자신이 할 수 없는 일, 하고 싶지 않은 일, 하면 안 되는 일에 대해서는 절대 약속하면 안 된다.

왜 다들 남을 이해하라고만 할까?
남이 나를 먼저 이해해주면 안 되나?
내 상처도 감당하지 못하고 허덕이는데
어떻게 다른 사람의 입장을 생각할 수 있을까?
어떻게 다른 사람을 부축하고
타인의 상처를 치료할 수 있을까?

자기 자신을 최우선으로 생각하고
책임질 줄 알아야 다른 사람도 책임질 수 있다.

Chapter 3

당신의 친절이 당신을 힘들게 한다

속을 너무 내보이지 말고
한 조각은 자신을 위해 남겨두어야 한다.
듣고도 못 들은 체하는
'청약불문聽若不聞'의 묘를 발휘해
매번 손해 보지 말고 자신을 먼저 지켜라.

잔소리든 조언이든
듣기 싫어

———————————— 유유상종이라는 말이 있다. 끼리끼리 어울린다는 뜻이다. 현재 내가 속한 계층은 그간 내가 정신적으로 추구한 바와 행동한 것의 결과다. 사회를 위해 희생하는 영웅이 되기를 바라는 사람은 많지 않다. 장자처럼 안빈낙도를 꿈꾸며 명예와 이익에 초연한 삶을 원하는 사람도 적다. 대개는 권력을 손에 쥐고 다른 사람의 운명을 좌지우지하며 자신의 존재감을 한껏 드러낼 수 있는 인생을 바란다.

자기 존재감을 드러내고 싶어 하는 마음 자체는 문제가 아니다. 문제는 그런 사람이 되기가 결코 쉽지 않다는 것이다. 특히 일을 그르칠까 봐 걱정하는 바람에 오히려 실패하는 삶을 살아온 사람이라면 더더욱 그렇다.

멍하니 손 놓고 있으면 어떤 것도 손에 쥘 수 없다. 그것이

당신의 친절이 당신을 힘들게 한다

세상의 이치다. 선택의 가능성을 조금이라도 더 많이 얻으려면 매우, 아주 열심히 노력해야 한다. 흔히들 편집광만이 성공한다고 말하지만 이 세상에 진짜 편집광은 그리 많지 않다. 대다수는 소위 '중용'의 처세술에 따라 살다가 평범한 사람이 되기 마련이다. 그런데 아무리 평범한 사람이라도 저마다 고질병이 있다. 성격이 변덕스럽거나 우유부단하거나 말에 신용이 없는 등의 결점이 있다.

사람은 누구나 자신만의 이상을 갖고 있다. 하지만 능력이 야심을 따라가지 못하는 탓에 대부분 이도 저도 아닌 평범한 사람으로 평생을 살아간다. 그중에 어떤 사람들은 자신이 좀 나약해서 그렇지, 그래도 착하다고 생각한다. 그런데 실상을 알고 보면 '좋은 사람인 척하지만 남 탓만 하는 진상'인 경우가 태반이다. 스스로 '좋은 사람'이라고 하는 이유는 매사에 좋은 의도에서 그랬다고 주장하기 때문이며, '진상'이라고 하는 까닭은 매사에 남이 자신을 이해해주고 자기 욕심을 채워주길 바라기 때문이다.

"하하, 내가 말을 좀 직설적으로 하는 편이라. 너무 신경쓰지 마요."

"내가 성질이 좀 급해서 그래요. 이해해줘요."

"어쩌겠어요, 내가 원래 이렇게 생겨 먹은 것을. 마음에 담아두지 마세요."

이렇게 말하는 사람들은 사고방식이 좀 이상하다. 굳이 표현하자면 '선 행동 후 보고' 식인데, 위의 예처럼 자신의 단점을 먼저 말한 뒤 일방적으로 이해해달라거나 자기 뜻을 들어달라고 요구한다. 또한 이들은 이중 잣대를 남용한다.

다른 사람이 잘못했을 때는 결과가 중요하다며 길길이 날뛰면서 정작 자신이 잘못했을 때는 결과가 아니라 의도에 중점을 두어야 한다고 강조한다. '다 너를 생각하는 마음에서 그런 것이니 비록 결과는 나쁘지만 부디 이해해달라.'는 것이다. 다시 말해 의도만 좋으면 '성질이 좀 나쁘거나', '마음은 여린데 입이 거친 점' 정도는 너그러이 포용해줄 수 없겠냐는 논리다.

이들은 자신의 나쁜 성질이나 거친 입을 누구도 포용할 의무가 없다는 사실을 모른다. 이럴 바에는 차라리 아직 혼자 힘으로 설 수 없어서 남에게 더 많이 의지해야 하며, 주변 사람의 사랑과 희생이 필요하다고 솔직히 말하는 편이 낫다. '원래 성질이 그렇다.'거나 '입은 거칠어도 마음은 여리다.'는 점을 방패로 내세우며 남에게 준 상처를 정당화하고 이와 동시에 정신적, 물질적 만족을 얻으려 해서야 되겠는가!

당신의 친절이 당신을 힘들게 한다

안타깝게도 우리 주변에는 이런 사람이 생각보다 많다. 참담한 현실이다. 많은 이가 스스로 착한 사람이라고 착각하지만 다른 사람 눈에 비친 이들은 사리 분별할 줄 모르는 '민폐꾼'에 불과하다. 남을 볼 때는 결과를 강조하고 자신을 변명할 때는 의도가 중요하다는 이중 잣대를 들이대면서도 정작 본인은 그 사실을 모른다.

'더 바이블The Bible'이라는 미국드라마에서 베드로가 예수를 세 번 부인하는 장면이 등장한다. 자신이 십자가에 못 박힐 것을 안 예수가 제자들에게 자신을 떠나 생명을 보전하고 복음을 전하라고 하자, 베드로는 박차고 일어나 죽을 때까지 예수를 따르겠다고 장담한다. 예수는 그런 베드로에게 이렇게 말한다. "네가 지금은 굳건히 맹세하지만 결국 나를 세 번 부인하게 될 것이다."

베드로는 자신의 충성심과 용기, 믿음을 지키겠다고 끝까지 큰소리친다. 하지만 결과적으로는 예수가 잡혔을 때, 자신도 해를 입을까 두려운 나머지 예수를 세 번 부인한다. 물론 그렇다고 해서 베드로가 몹쓸 인간이라는 뜻은 아니다. 비록 예수를 부인하기는 했어도 베드로가 위대한 제자라는 사실은 여전하다.

스스로 '착한 사람'이라고 생각하는 이들 중 상당수는 정말 착하다기보다 나쁜 짓할 '재주'가 없다고 보는 편이 정확하다. 내 이웃에 줄곧 한직을 전전하는 공무원이 있었는데, 입만 열면 동료 공무원들의 부패 행각을 규탄했더랬다. 그렇게 한참 욕하고 나면 그는 말했다. "나는 고위직에 올라도 절대 돈 한 푼 받지 않겠어."

당시에 그는 청렴할 수밖에 없었다. 지위도 변변치 않고 어디다 입김을 불어넣을 깜냥도 되지 않는 터라 아무도 그에게 아첨하거나 잘 보이려 하지 않았기 때문이다. 그런데 나중에 운수 대통했는지 어쨌는지, 그에게 권력이 쥐어졌다.

권력을 휘두를 수 있는 자리에 오르자마자 그는 하루아침에 다른 사람이 됐다. 당연하다는 듯 뇌물을 받았고 심지어 요구하기까지 했다. 물론 나중에 이것이 발각되어 결국에는 쇠고랑을 차는 신세가 됐지만 말이다. 그의 사례만 봐도 알 수 있듯이 달콤한 유혹 앞에 서면 누구든 인간 본연의 나약하고 추한 민낯을 드러낼 수밖에 없다.

물론 끝까지 이겨내는 사람도 있기야 하겠지만 웬만한 자제력을 가지고서는 불가능한 일이다. 다른 사람을 욕하는 심리도 본질을 파고들면 결국 남에 대한 질투, 자신의 부족한 처지와 능력에 대한 분노가 있다. 세상사에서 한발 물러서 초연한 태도를 보인다고 해도 막상 자신이 그 상황에 놓이면 누구보다도 빠르게 '타락'하는 경우 역시 셀 수 없이 많다.

사람들은 대개 다른 사람을 볼 때 오로지 결과, 즉 자신이 본 겉모습만으로 판단한다. 그래서 상대가 자신에게 어떤 감정을 느끼게 하느냐에 따라 즉각 '저 사람은 이런 사람'이라며 성급히 꼬리표를 붙인다. 그게 오해든 아니든 상관없다. 자기한테 잘해주면 좋은 사람, 반대로 조금이라도 짜증을 내거나 입바른 소리를 하면 나쁜 사람인 것이다. 상대가 정말 자신이 생각한 그대로인지는 관심 밖이다. 이들은 자신이 옳다고 느끼는 것만 맞다고 믿기 때문이다.

나를 잘 이해해주는 사람도 알고 보면 내게 상처받은 적이 없기에 이해해주는 것일지도 모른다. 어쩌면 내가 상처를 주는 순간, 그들은 태도를 바꿔 망설임 없이 복수를 감행할지도 모른다. 진짜 좋은 사람이 되기가 어려운 까닭은 개인적 감정을 뛰어넘어 '속만 좋은 사람'이 아니라 '겉도 좋은 사람'이 되어야 하기 때문이다. 결과적으로 남에게 상처를 주고 나서 "선한 의도에서 그랬다."는 변명을 내밀어서는 결코 진짜 좋은 사람이 될 수 없다. 만약 그들이 '사랑'이라는 이름으로 당신에게 상처를 준다면 당신은 반드시 그들을 이해해야만 한다. 그러나 당신은 그 어떤 이유로도 절대 그들에게 상처를 줘서는 안 된다는 것이 바로 그들의 논리다.

많은 사람이 좋은 사람이라고 착각하지만 폐만 끼치는 생활방식 때문에 인생에서 엄청난 고통을 겪는다. 심지어 진짜 몹쓸 사람은 아닌데도 이러한 틀에서 벗어나지 못해서 자신도, 남도 힘들게 만드는 경우도 적지 않다. 게다가 이들은 실제로 엄청난 신체적 상해를 입는다면 모를까, 웬만한 정신적 시달림과 공격에는 꿈쩍도 안 한다.

어떤 일을 처리할 때도 이들은 오직 자기 뜻대로 움직이며 어떠한 상황에서도 자신에게 유리한 쪽을 선택한다. 하지만 지혜가 부족하고 수동적 태도가 습관화된 탓에 성급하게, 심지어 잘못된 결정을 내릴 때가 더 많다. 상황을 세밀히 관찰하고 깊이 생각하지 않기 때문이다. 그 결과 잘못된 선택을 함으로써 결국 자신보다 뛰어난 사람이 명예와 이익을 전부 가져가는 모습을 멍하니 바라보게 되기 일쑤다. 이런 순간이 닥칠 때마다 그들은 한탄한다. 이번엔 일을 그르치지 않으려고 정말 많이 양보했는데 결국 또 실패했다고, 이게 다 아무개 탓이라고.

이런 맥락에서 우리는 다음의 두 가지 현실을 받아들여야만 한다. 첫째, 근본적으로 남들은 내 감정을 중요하게 생각하지 않는다. 둘째, 모든 사람의 인생은 유일하다. 따라서 어떤 의미에서는 이 세상에 나의 인생을 전적으로 이해하고 동감해줄 수 있는 사람은 없다.

내 인생의 고통은 나의 것이다. 어쨌든 내가 감당해야 한다. 스스로 통제할 수 없는 어려움 때문에 고통받았다고 해서 인생의 다른 괴로움이 유예되는 것은 아니다. 아이를 키우는 일이 힘들어도 계속 버텨야 한다. 일이 너무 힘들어서 그만두고 싶다 해도 계속 일해야 한다. 결국은 아이의 성장과 일의 성취가 우리의 고통에 대한 가장 큰 보상이 될 것이다.

고통은 알고 보면 좋은 것이다. 기나긴 인생을 살아가면서 지루해지지 말라고 신이 고안해낸 장치가 바로 고통과 괴로움, 행복과 기쁨이기 때문이다. 그 덕분에 우리는 순간 살아있음을 느낀다. 그래서 가족과 싸우는 것은 정상이다. 상사가 불편한 것도, 동료와 마찰이 생기는 것도 지극히 정상이다. 고객이나 파트너의 '갑질'도 정상이다. 우리에게 필요한 것은 오직 그러한 수많은 고통 속에서 해야 할 일을 묵묵히 하면서 나의 기분과 경계를 잃지 않는 지혜뿐이다.

다가오지 마,
물어버릴 거야!

～～～～～～～ 한 아가씨가 게시판을 통해 내게 이런 사연을 남겼다. 어린 시절, 그녀는 세상에 부러울 것이 없을 만큼 행복했다. 현명하고 부유한 엄마가 있었기 때문이다. 엄마는 사업을 했는데 친척이나 친구가 돈을 빌려달라고 하면 언제나 선뜻 도와줄 만큼 재물과 인정이 넘쳤다. 그녀는 자신이 영원히 행복할 줄 알았다.

어느 날 엄마가 그녀를 어느 술집으로 불러내기 전까지는 말이다. 나중에 알게 된 사실이지만 당시 부모님은 이미 사업이 망한 상태였다. 사기를 당해서 빚도 엄청났다. 차와 집도 은행에 압류되어서 가족 모두가 집도 절도 없이 떠도는 신세가 될 처지였다.

부모님은 술집 1층 홀에서 사채업자들에게 둘러싸여 있다

　　　　　　　당신의 친절이 당신을 힘들게 한다

가 복면을 쓴 무리에게 붙들려 어디론가 끌려갔다. 간신히 그 자리를 빠져나온 그녀는 곧장 남자친구의 집으로 몸을 피했다. 그런데 전후 사정을 들은 남자친구가 대뜸 헤어지자고 했다. 가장 힘든 때에, 가장 의지할 수 있다고 믿은 사람이 자신에게 귀찮은 일이 생기는 게 싫다며 그녀를 내친 것이다.

그녀는 한순간에 모든 것을 잃었다. 매일같이 울었고, 매 순간 죽고 싶다고 생각했다. 캄캄한 어둠 속에 갇힌 듯했다. 제대로 꽃피워보기도 전에 서리를 맞고 얼어버린 장미가 된 것 같았다. 화려한 무대 위에서 만인의 갈채를 받다가 한순간 조명이 꺼지고 텅 빈 극장에 홀로 남겨진 기분이었다.

그녀라고 노력하지 않은 것은 아니다. 남자친구의 다리를 잡고 매달렸고, 퉁퉁 부은 눈으로 사태를 해결할 방법을 찾아다녔다. 예전에 자주 돈을 빌려갔던 친척을 찾아가 무릎을 꿇고 도와달라고 빌기까지 했다. 하지만 아무 소용없었다. 모두가 그녀를 차갑게 내쳤다.

그녀 눈에 비친 세상은 더는 장밋빛이 아니었다. 절망적이고, 더러웠다. 이기적이고 냉혹한 사람들 앞에 그녀는 더는 살아갈 의지를 잃었다. 결국 자살을 시도했지만 실패하고 말았다. 불가에 귀의해 속세를 떠나 평생 부처님을 섬기며 살까도 생각했지만 그것조차 쉽지 않았다.

그녀는 어쩔 수 없이 학교로 돌아가 공부를 계속했다. 적어도 학교라는 울타리 안에서는 사회의 사람들이 멋대로 소동을 일으키지 못했다. 덕분에 그녀는 안정을 되찾고 차분히 실력을 쌓을 수 있었다. 사실 눈물을 닦고 앞을 바라보는 것만으로도 모든 것이 훨씬 나아진다. 세월이 흐른 후, 그녀가 명문대에 들어갔다는 소식이 들려왔다.

일이 잘 풀릴 때 주변에 사람이 많이 몰리는 일은 차고 넘쳐도 남이 어려울 때 도움을 주는 일은 자주 보기 드물다. 내가 잘나갈 때는 꽃을 바치며 충성을 약속하는 사람이 수두룩하다. 그러나 내가 곤경에 처했을 때조차 곁을 지키는 사람은 많지 않다. 아니, 거의 없다. 그래서 시련이 사람을 성숙하게 만들기도 하지만, 성숙한 사람인지 아닌지 역시 시련을 당할 때 가장 극명히 드러난다.

옛날에 뱀은 아주 순한 동물이었다. 어찌나 순한지, 수풀 속에 얌전히 있다가 사람들에게 재미 삼아 밟히기 일쑤였다. 결국 참다못한 뱀이 신에게 호소했다. 그러자 신이 말했다. "만약 네가 처음 밟은 사람을 즉시 물어버렸더라면 그 후로는 누구도 감히 너를 밟지 못했을 것이다."

당신의 친절이 당신을 힘들게 한다

신의 말이 좀 지나치긴 하지만 이치는 같다. 누군가 불합리한 억압 수단을 이용해 이해관계를 흐리고 자신의 이익을 극대화하려 한다면 초반에 즉시 강경하게 대응하며 정의로운 방식으로 반격을 가해야 한다. 그래야 피해자로 전락하지 않고, 가해자의 행위를 효과적으로 막을 수 있다.

감정적으로 미성숙한 사람은 인지 함정에 잘 빠진다. '나는 잘못한 게 없으니 굳이 대응할 필요가 없다.'고 생각하는 것이다. 괴롭힘을 당해도 그저 '나는 잘못이 없는데 왜 그러지?'라며 무력하게 물을 뿐이다. 이는 전형적인 약자의 사고방식이다. 약자는 타인의 비위를 맞춰서 공평한 대접을 받으려고 하는데, 이런 기대는 처참히 깨질 때가 더 많다. 사슴이 살아남으려면 사자보다 빨리 뛰어야 한다. 어떻게든 빨리 달릴 생각은 하지 않고 '사자가 너무 폭력적이고 비정하다.'며 원망하기만 하는 사슴은 어떻게 될까? 백이면 백, 사자의 점심식사로 전락할 것이다.

성숙한 사람은 부당한 대우나 괴롭힘을 당할 때 마냥 원망하고 있지 않는다. 더는 피해를 입지 않도록 필요한 수단을 적극적으로 동원하며, 가능한 한 가해자에게서 멀리 벗어난다.

매사에 돼도 그만, 안 되도 그만이라는 식으로 사는 사람을 보았는가? 만사에 달관한 듯 혹은 체념한 듯 살아가며 이기고

지는 데 연연하지 않는다. 쉽게 말해 모든 것을 하늘의 뜻에 맡긴다. 그 결과는 남에게 권리를 짓밟히고, '존재감' 없는 사람이 되어 잊히기 일쑤다.

이런 종류의 사람은 스스로 루저라고 인정하면 골치 아픈 문제가 저절로 해결되리라 믿는다. 하지만 그들이 간과한 사실이 있다. 일이 어떻게 되느냐는 전적으로 사람의 노력에 달려 있다는 점이다. 능동적으로 나서서 극복하려 하지 않고 저절로 해결되기만을 바라서는 그 어떤 일도 자신이 원하는 대로 흘러가지 않는다.

어린 시절에 나는 체격이 작고 왜소한 탓에 학교에서 자주 괴롭힘을 당했다. 당시에는 이러한 집단 따돌림에 대항하겠다는 생각조차 하지 못했다. 부모님에게 말해도 소용없었다. 그나마 선생님이 막아주기를 기대했지만 실제로는 선생님에게 혼나고 나자 아이들은 더욱 교묘하고 악랄하게 나를 괴롭혔다. 결국 아무에게도 도움을 구하지 못하고 혼자 눈물을 닦는 날이 계속 이어졌다.

그러다 후에 책에서 악인을 대하는 방법을 읽고 마침내 '악의 세력'과 싸울 용기를 갖게 되었다. 내가 잘못해서 괴롭힘을 당하는 게 아니라 괴롭히는 아이들이 잘못이라는 확신도 생겼

당신의 친절이 당신을 힘들게 한다

다. 다음에 그 애들이 또다시 괴롭히려 했을 때, 나는 더는 움츠러들지 않고 당당히 그들의 잘못을 지적했다. 그리고 또다시 나를 괴롭히면 더는 가만히 있지 않겠노라고 위협했다. 그날 이후, 아이들은 조금씩 나를 피하기 시작했다. 그러더니 어느 순간 괴롭힘이 뚝 그쳤다.

괴롭힘에 어떻게 반응하느냐에 따라 괴롭혀도 괜찮은 사람이 될 수도, 괴롭히면 안 될 사람이 될 수도 있다. 즉 용감하게 대항하는지, 이성적이고 적절한 방식으로 반격하는지의 여부에 따라 가해자의 향후 태도가 달라진다. 미국영화 '블랙 리스트'의 대사다. "다른 사람이 너를 함부로 대하는 이유가 뭔지 알아? 그건 너한테 그런 짓을 해도 아무 일도 없을 거라는 암시를 네가 주기 때문이야."

남들은 근본적으로
내 감정을 중요하게 생각하지 않는다.
이 세상에 나의 인생을 전적으로 이해하고
동감해줄 수 있는 사람은 없다.

내 인생의 고통은 내가 감당해야 한다.
내게 필요한 것은 오직 고통 속에서
해야 할 일을 묵묵히 하며
나의 기분과 경계를 잃지 않는 지혜뿐이다.

하나도
안 괜찮은데요?!

〜〜〜〜〜〜〜〜 한때는 나도 아버지와 화해하려고 했다. 아버지를 죽도록 미워하는 마음은 여전했지만 어쨌든 같이 살아야 하니, 최대한 잘 지내보고 싶었다.

작지만 내가 이룬 성과에 전혀 만족할 줄 모르는 아버지도 살다 보면 누그러지지 않을까 하는 기대도 있었다. 나는 그간 내가 공부한 것과 쌓아온 경력을 아버지에게 설명하려 했다(아버지는 자녀 양육을 철저히 방관했기 때문에 내가 무슨 공부를 하는지조차 몰랐다).

"아버지, 저 중학교 3학년 때 원고료로 300위안 넘게 받았어요."

"P는 6살 때 받은 고료가 네 한 달 치 월급보다 많더라."

"베이징대학에 다닐 때 제 지도교수였던 분은 전국적으로 유명한 분이세요."

"W는 네가 학교 들어갔을 때 이미 교수였다."

"저는 유명한 학장님, 국장님 여럿을 잘 알고요. 부자들도 많이 알아요. 한 달을 기다려도 진료받기 힘든 유명한 의사이자 명문대 심리학 교수와도 친분이 있고…."

"L 선생님은 모르는 사람이 없다. 네가 안다는 사람들은 그 선생님 발끝도 못 따라가!"

아버지와 나의 대화는 시종일관 이런 식이었다. 아버지에게 기쁨을 주고 싶다는 선의로 마련한 '화해의 장'은 '비방전'으로 변질했고, 우리 부녀는 결국 불쾌하게 헤어지고 말았다. 왜 이렇게 됐을까? 굳이 따지자면 내가 성인이 되자 물리적 폭력으로 더는 나를 꺾을 수 없게 되었으니, 말로라도 나를 이기려고 부정을 위한 부정을 한 아버지에게 원인이 있을 것이다. 어쨌든 아버지와의 화해 시도는 더 큰 불화만 남긴 채 실패로 돌아갔다.

내가 존경하는 선생님이 언젠가 "착한 사람은 수많은 고통과 고난을 견뎌야 하지만 나쁜 사람은 뉘우치면 그만"이라는 말을 하신 적이 있다. 악인에게 책임을 물을 수 없다는 사실은 우리에게 뼛속 깊이 절망감을 안기고, 책임지지 않아도 된다

며 악인을 응원하는 여론은 올바른 인간 됨됨이에 대한 신념
을 무너뜨린다.

당신에게 '나쁜 사람'이라고 해서 진짜 악인은 아닐 수 있
다. 그러나 그가 아무 때나 당신의 하루를 망치거나 힘들게 쌓
아 올린 자존감을 한순간에 뭉개버릴 수 있는 것은 확실하다.
그가 당신을 감히 이렇게 대하는 이유는 당신이 괴롭히기 쉬
운 상대이기 때문이다. 당신이 그의 자녀라서, 동생이라서, 혹
은 아랫사람이나 후배라서 쉬울 수도 있고, 반대로 그의 부모
라서, 형제라서, 상사나 선배라서 쉬울 수도 있다.

윤리적 원인 외에 "남자는 여자를 때려선 안 된다."는 보편
적 생각도 반영된다. 핵심은 그가 나보다 '강하다.'고 자신할
수 있는 부분이 반드시 있다는 점이다. 키가 좀 더 크거나 성
질이 나쁘거나 심지어 입만 좀 거칠어도 '우위'를 점한다. 즉,
내가 그보다 약해 보이는 점이 한 가지만 있어도 괴롭힘의 대
상이 될 수 있는 것이다.

안타깝지만 사람의 탈을 뒤집어쓴 악마를 언제, 어디서 만
나게 될지 우리는 전혀 알 수가 없다. 그리고 악한 사람보다
착한 사람이 억울한 일을 더 많이 겪는다. 온 세상이 착한 사
람에게는 가혹하고 악한 사람에게는 너그러운 것처럼 보일 정
도다. 이런 악마들은 '내가 이런 사람인데 누굴 무서워하겠냐?'

는 식이다. 그들이 이런 말도 안 되는 논리를 당당히 들이미는 이유는 당신을 손쉬운 먹잇감이라고 확신하기 때문이다. 게다가 그들은 오로지 당신을 짓누름으로써 자신의 미미한 존재감을 증명할 수 있다고 믿는다.

변태적 악인은 현대 문명사회를 좀먹는 해충이다. 악인을 판단할 때는 성인인지 미성년인지의 여부가 아니라 오로지 '구속될 만한 사건을 저질렀는지' 여부에 기준을 두어야 한다. 캐묻는 것은 소용이 없다. 예를 들어 어떤 비극이 이런 종류의 악마를 만들어냈는지, 그들에게 과연 인성이라는 게 존재하는지, 그들을 어떻게 관용으로 대할 수 있는지…. 이런 문제들은 아무리 파고들어봤자 답이 나오지 않는다. 확실한 것은 법과 도덕만큼은 특별 사면이 있어서는 안 된다는 점이다.

2018년 12월 3일, 흉악한 살인사건이 벌어졌다. 12살 소년이 자기 엄마를 살해한 것이다. 왜 그런 짓을 했느냐며 침통하게 울부짖는 가족을 향해 소년은 태연하게 말했다. "다른 사람도 아니고, 내 엄마를 내가 죽인 거잖아요."

엄마를 살해한 12살 소년의 모든 행동은 단순히 금기에 도전한 것이 아니라 금기 자체를 처절히 깨부순 것이었다. 그는 짐승도 못 된다. 자연계의 짐승도 저들끼리 서로 죽이고 잡아

먹지만 어디까지나 생존에 위협을 받을 때(먹이가 부족하거나 먹이사슬이 붕괴하는 등)만 그렇게 하기 때문이다.

그렇다고 그를 인간으로 볼 수도 없다. 인간이라면 지켜야 할 최소한의 선을 넘었기 때문이다. 적어도 제 혈육을 죽이는 지경까지 가서는 안 된다. 그러나 그는 자기 엄마를 가축처럼 도살한 뒤에도 아무렇지 않게 계속 집에서 지냈고, 천연덕스럽게 거짓말까지 했다. 그런 그를 과연 무엇이라고 해야 할까? 악마, 그 외에는 답이 없다.

교육이라는 명목으로 반항할 힘조차 없는 아이를 괴롭히며 폭력을 행사하는 부모도 똑같다. 그들을 움직이는 것은 엄격한 부모로서의 선의가 아닌 악마의 본성일 뿐이다. 드라마를 보면 가난한 집에서 태어난 여주인공은 어렵게 마련한 학비를 아버지의 도박 빚을 갚는 데 쓰기도 한다. 아버지는 도박을 끊고 가족과 함께 잘 살아보기로 약속해놓고 며칠 안 가 친구와 노름하러 나간다. 나는 이런 사람들에게 악마적인 면이 있다고 믿는다.

나의 아버지는 내 팔이 부러졌을 때 나를 병원에 데리고 가는 대신 바닥에 무릎을 꿇고 내가 울지 않을 때까지 뺨을 때렸다. 뜨겁게 달궈진 다리미에 발을 데었을 때는 달래고 약을 발라주는 대신 툭하면 게으름 피울 핑계를 찾는다며 욕했다. 학교에서 친구의 모함에 빠져 선생님에게 인격적 모욕을 받고 온 날, 딸의 다친 마음을 위로하는 대신 내 결점을 일일이 꼬집었다.

단지 눈에 거슬린다는 이유로 매를 맞은 적이 하도 많아서 일일이 기억조차 나지 않는다. 그 당시 내 등에는 시퍼렇고 불그죽죽한 상처가 가실 날이 없었다. 왼쪽 눈을 맞아 거의 실명할 뻔했을 때조차 아버지는 내가 별것 아닌 일로 소란을 피운다며 무시했다. 아버지가 내게 그렇게 한 이유는 단 하나, 그래야 나를 강하게 키울 수 있다는 것이었다.

세월이 흐른 후 과거의 일을 이야기했을 때 놀랍게도 아버지는 나를 때린 기억이 없다고 했다. 그렇다. 가해자는 자신의 죄를 잊을 수 있다. 아프지 않았기 때문이다. 그러나 피해자는 아니다. 언제 욕을 들을까, 또 언제 얻어맞을까 두려움에 떨며 살얼음판 위를 걷는 심정으로 살았던 그 모든 순간을 나는 아직도 잊지 못한다. 고통 속에 있었던 것은 아버지가 아니라 언제나 나였으니까 말이다. 그리고 한 사람의 인격을 이루는 핵심 유전자는 주로 원 가족에서 비롯된다.

당신의 친절이 당신을 힘들게 한다

중국드라마 '랑야방瑯琊榜'을 보면 정비가 남주인공인 임수의 맥을 짚은 후 울면서 탄식하는 장면이 나온다. "해독하려면 온몸의 뼈를 부수고 힘줄을 끊으며 피부를 전부 벗겨야 한다고 하지요. 그렇게 지독한 죽음의 위기를 겪어놓고 어떻게 그토록 냉정하고 침착한가요? 지혜가 뛰어난 자가 천하를 얻는다고 하지만, 당신이 얼마나 큰 고통을 겪었는지 아는 사람이 과연 있을까요?"

그렇다. 남이 볼 때 나는 때로 차갑지만 대체로 밝고 긍정적인 사람이다. 겉모습만 봐서는 내가 어떤 고통을 어떻게 견뎌왔는지 누구도 짐작하지 못할 것이다. 겉보기에는 '밝고 마음씨 좋은' 당신도, 어쩌면 그럴지도 모른다.

홍콩의 유명 작가 장샤오셴의 말처럼 사랑은 본질적으로 불공평하다. 다행히 부모가 당신을 사랑해준다고 해보자. 당신이 그 사랑을 소중히 여기지 않아도 부모는 언제나 당신을 지키고 기다리며 절대 포기하지 않는다. 그러나 자식은 다르다.

어떤 부모는 자식이 사랑을 필요로 할 때는 매몰차게 밀어내고 한참 세월이 흐른 후에야 관계를 회복하려고 하는데, 대개는 뜻대로 되지 않는다. 자식이 이미 포기해버렸기 때문이다. 어린 시절, 부모의 사랑을 간절히 바라며 홀로 베갯잇을 적셨던 고통은 무엇으로도 보상할 수 없다. 그때 못 준 사랑을 뒤늦게 벌충하겠다는 것은 부모의 사치스런 바람일 뿐이다.

나는 선량함 자체를 반대하지는 않는다. 그러나 자신이 생각하는 선량함을 행하기 위해 다른 사람을 상처 입히거나 심지어 망가뜨리고 나서 '다 너를 위해, 좋은 의도에서 그런 것'이라는 명분을 들이대는 일은 절대적으로 반대한다. 진정한 선량함이란 평소에는 주변 사람을 자유롭고 행복하게 해주고, 그들이 필요로 할 때는 온 힘을 다해 도와주는 것이다.

나는 나를 좋아하는 사람만 좋아하며, 나에게 잘 대해주는 사람만 잘 대할 것이다. 다 너 좋으라고 하는 일이라며 자신만의 선량을 '강요'하는 사람들에게는 더는 관심을 주지 않을 것이다. 비록 그로 인해 무언가 책임지게 되더라도 말이다. 그러나 혹 그들이 고통을 겪게 되면 보통 사람을 동정하듯 그들을 동정하긴 할 것이다. 팔이 부러진 아이가 소리 질러 우는 모습을 보면 그 아이의 고통을 이해하며 함께 눈물을 흘려주듯이 말이다.

다른 개인을 이유 없이 처벌할 수 있는 권리를 가진 사람은 아무도 없다. 마찬가지로 나 역시 자신과 타인을 그렇게 대하지 않을 것이다. 혹시 당신 주변에도 "나도 나름의 고충이 있다."고 말하면서 당신에게 함부로 위해를 가한 악마가 있는가?

그렇다면 그들에게 당당하고 확실하게 말하라. 미안하지만 당신은 용서받을 가치조차 없다고. 물에 빠진 사람이 다른 사람을 구할 수는 없는 노릇이다. 선량하되, 힘과 단호함을 가진 사람이 되어라.

솔직한 게 아니라
무례한 겁니다

～～～～～～ "그 집 엄마가 팔자가 사나워서 그 딸
도 여태껏 결혼 못하고 있는 거야."

"네가 항상 일이 잘 안 풀리는 이유가 예전에 양다리를 걸
쳐서 그런 게 아닐까?"

"네 삶이 이토록 고단한 것은 전생의 업보가 있어서야."

서로 인과관계가 없는 일을 억지로 연결시키며 이상한 논리
를 펴는 사람이 있다면 '증명자'일 공산이 크다. 이 세상에는 '자
신을 증명하는 것'을 인생의 목표로 삼은 사람이 의외로 많다.

이들은 매사에 '내가 옳다니까! 못 믿겠다고? 좋아, 그럼
증명해 보여주지.'라는 식이다. 또한 항상 자신을 증명함으로
써 타인의 이해와 신뢰를 얻으려 한다. 자기를 믿어주는 사람
을 위해서는 목숨까지 내어놓지만, 믿지 않는 사람에게는 반

당신의 친절이 당신을 힘들게 한다

드시 후회하게 만들겠다며 앙심을 품는다.

이러한 '증명자'는 남의 시선과 평가를 매우 중시하기 때문에 사는 것 자체가 매우 고달프다. 타협하거나 양보하지 않기 위해 필사적으로 싸우느라 고달프고, 자기 자신을 끝까지 몰아붙이느라 고달프다. 그러나 이들에게는 자신이 옳다고 증명하는 것이 무엇보다 중요하기 때문에 아무리 고달파도 목숨 걸고 끝까지 버틴다.

당신이 길을 가고 있는데 갑자기 누군가 튀어나와 "사기꾼!"이라고 외치며 손가락질했다고 가정해보자. '이성적인 사람'은 상대가 그런 말을 한 근거가 있는지, 그것이 자신과 관계 있는 일인지를 먼저 생각한다. 그리고 관계없는 일이라면 상대를 '수준 떨어지는 사람'으로 간주하고 더는 관심을 주지 않는다. '이성적인 사람'은 자신과 직접적으로 관련된 일, 혹은 자신보다 훨씬 영향력 있는 사람이 자신을 보는 관점에만 신경 쓰기 때문이다. 그 외의 사람이 자신을 어떻게 보는지에 대해서는 근본적으로 관심이 없다.

하지만 '증명자'는 멈칫한다. 그리고 생각한다. '왜 나더러 사기꾼이라고 하지? 내가 저 사람을 속인 적이 있나? 뭘 잘못 건드렸나? 저렇게 말하면 상관없는 사람들까지 나를 사기꾼으로 볼 거 아니야. 안 되겠다, 내가 사기꾼이 아니라는 걸 증명해야지. 저 사람이 뭔가 잘못된 거야. 내가 아니라 저 사람이 문제라는 점을 인정하게 만들어야겠어. 그래야 다른 사람들도 내가 사기꾼이 아니라는 걸 알지….'

이처럼 '증명자'는 각자의 인지능력 차이를 이해하고 받아들이는 대신 습관적으로 다른 사람이 말한 '너'를 자신과 동일시하는 경향이 강하다. '증명자'는 늘 '내가 옳다.'고 여기며, 어떠한 다름도 받아들이지 못한다. 그래서 남들이 보기에는 매우 일상적인 일에도 의아함을 느낀다.

만약 그게 무슨 말도 안 되는 소리냐고 반박하면 이들은 왜 나를 못 믿느냐며 화를 낼지도 모른다. 또 어떤 사람은 "XX 음식점, 살생을 저지른 업보로 2년도 되기 전에 망하다"라는 식의 제목이 달린 글을 보여주며 동조를 구한다. 그러다 상대에게서 원하는 반응이 나오지 않으면 말다툼을 벌이고, 심할 경우 관계까지 끊어버린다.

자신이 알고 싶지 않은 현실은 자동으로 차단해버리고 엄연한 사실 또한 자기 입맛대로 취사선택하는 것이 이들의 특징이다. 이들은 세상의 다양성을 인정하지 않으며 살아 숨 쉬는 모든 개인에게 각자의 고유한 인생 궤적이 있음을 이해하

당신의 친절이 당신을 힘들게 한다

지 못한다. 사람은 누구나 남과 다른 경험을 하고, 그렇기에 각기 독특한 인지 체계를 형성한다는 사실을 알지 못한다.

'증명자'는 만사를 자기 좋을 대로 추측, 짐작하고 평가하며 남을 비난한다. 상대에게도 독특한 인생 경험이 있으며 자신과 전혀 다른 인지 체계를 갖고 있다는 사실 또한 무시한다. 그러나 남을 자기 자신처럼 이해할 수 있는 사람은 없다. 아무리 입장을 바꿔 생각한다고 해도 타인에게 온전히 공감할 수도 없다. 결국 우리가 할 수 있는 일은 자신의 경계선을 지키고, 남의 경계선을 침범하지 않는 일뿐이다.

어릴 때부터 어른이 되기까지 우리는 지식과 인지능력 향상에 초점을 맞춘 교육을 받아왔다. 다시 말해 교과서의 내용, 수많은 지식, 해야 할 행동과 하지 말아야 할 행동을 배웠지만 개인의 독립적 사고능력을 기르는 법을 제대로 배운 적은 없다. 그래서 인터넷에는 검증 능력을 갖추지 못한 개인이 자신만 이해할 수 있는 내용을 자기 감정에 따라 리트윗한 글이 넘쳐난다. 물론 그중에 전문적이고 객관적인 글도 있지만 소수일 뿐, 대개는 단지 유용하다고 '느껴서' 퍼 나른 글이 태반이다.

'남에게 폐만 끼치지 않아도 교양인'이라고 한다. 그러나 이 정도의 경계 의식도 없는 사람이 너무나 많다. 이들은 상대의 의사와 상관없이 정보를 살포하거나 전달하는 것 자체가 민폐라는 점을 전혀 알지 못한다. 다음은 저명한 작가 왕샤오보王小波의 짧은 글 '단추를 달다縫扣子'에서 가져온 글이다.

내게는 바보 이종사촌 누나가 있다. 태어날 때부터 지능이 좀 모자랐는데, 언제부터인지는 몰라도 단추 다는 법을 배웠더랬다. 그밖에 다른 일도 좀 배웠지만 단추 달기 외에는 할 줄 아는 것이 없었다. 이모 집에 가면 바보 누나는 나를 보며 5분마다 소리를 지른다. "나 단추 달 줄 안다!"

물론 그 말이 무슨 의미인지 잘 안다. 내게 단추 다는 법을 가르쳐주겠다는 것이다. 하지만 알겠다고 한 적은 없다. 이유는 두 가지다. 하나는 내가 이미 단추를 달 줄 알기 때문이고, 다른 하나는 누나가 바늘로 나를 찌를까 봐 겁나서다. 물론 나를 아끼는 누나의 마음에 늘 감동받는다. 하지만 그녀의 몸에서 나는 냄새는 좀처럼 참기 어렵다.

만약 나의 이 바보 누나가 깊이 있는 학문, 예를 들어 기하학을 할 줄 안다면 어떨까. 분명히 펄쩍펄쩍 뛰면서 소리칠 것이다. "사람은 짐승보다 나을 게 별로 없어! 그나마 나은 점은 기하학을 할 수 있다는 것이지!" 사실 틀린 말은 아니다. 기하

당신의 친절이 당신을 힘들게 한다

학을 할 수 있는 짐승은 없으니까. 그러고는 자신에게 기하학을 배우라고 나를 압박할 것이 분명하다.

만약 내가 배우지 않겠다고 하면 나를 짐승이라고 부르며 당당히 꾸짖지 않을까. 내가 기하학을 할 줄 아는지, 얼마나 할 수 있는지에 대해서는 아마 알려고 하지도 않을 것이다. 물론 누나가 정말 기하학을 배울 수 있다는 뜻은 아니다. 다만 뭐가 됐든 그녀는 자신이 할 줄 아는 것을 최고의 지혜로 여기며 그 외에는 전부 무시했을 것이라는 의미다.

실제로 많은 사람이 이 바보 누나처럼 '자신이 아는 것을 최고의 지혜'로 여긴다. 다시 말해 '상선약수(上善若水, 최고의 선은 물과 같다)'니 '후덕재물(厚德載物, 두터운 덕은 만물을 품는다)'이니, '수신제가치국평천하(修身齊家治國平天下, 몸과 마음을 닦고 집안을 가지런히 하며 나라를 다스리고 천하를 평탄케 한다)' 같은 고전 경구 몇 마디를 알게 되었다고 마치 인류 문화의 정수를 전부 깨달은 양 착각한다. 경구에 담긴 진실한 의미를 이해하지도, 실제 생활에서 실천하며 살지도 못하면서 말이다.

단순히 이치를 아는 것과 이를 개인의 사상에 내면화시켜 실제 삶을 이끄는 이념으로 체화하는 것은 전혀 다른 일이다. '단지 그런 줄만 알고 왜 그런지는 알지 못하는' 이치는 우리의 인생을 이끌어주지 못한다. 그래서 아무리 많이 알아도 인생은 여전히 어려울 수밖에 없다.

내가 싫은 일은 남에게도 강요하지 말아야 한다. 자신도 다 이해하지 못한 이치를 남에게 억지로 가르치고 강요하는 태도는 금물이다. 반드시 경계 의식을 갖고, 무엇을 하고 무엇을 하지 말아야 하는지 명확히 알아야 한다. 손톱만 한 지식으로 자기 자신과 타인의 인생을 구하겠다는 것은 '일확천금'이나 '불로소득'을 바라는 심보와 전혀 다르지 않다.

성실히 자기 일을 하고 자신의 경계를 잘 지킬 것. 그리고 다른 사람의 일에 간섭하거나 타인의 경계를 침범하지 말 것. 이는 스스로 행복해지고 안정된 인간관계를 유지하는 비법이다. 인간은 서로 긴밀하게 협력하며 살아야 하는 사회적 동물이다. 남과 완전히 단절되어 홀로 살 수는 없다. 게다가 사람은 누구나 자신과 비슷한 이에게 의지하고 싶어 한다. 그렇기에 필연적으로 '서로의 같음을 추구'한다. 그러나 이와 동시에 필수적으로 '서로의 다름을 인정'해야 한다.

따라서 서로 편안함을 느끼는 범위 안에서 계약 혹은 협의의 형식으로 서로의 필요를 교환하고 만족시켜야지, 단순하고 폭력적으로 참견하거나 강압적으로 옭아매서는 안 된다. 다름

당신의 친절이 당신을 힘들게 한다

을 인정하는 것은 서로의 경계선을 존중하고 받아들인다는 뜻
이다. 단지 나와 다르다는 이유로 감정이 상한다면 그만큼 성
숙하지 못한 사람이라는 방증이다. 서로의 다름이 감정싸움의
도화선이 되어선 곤란하다.

친절이 계속되면
권리인 줄 안다고?

〜〜〜〜〜〜〜〜〜 은혜에 감사할 줄 아는 것은 매우 훌륭한 품성이지만 실제 이런 품성을 갖춘 사람을 만나기란 하늘의 별 따기다. 그에 비해 감사할 줄 모르는 사람은 발에 차일 정도로 많다. 감사할 줄 모르는 사람은 필연적으로 '배신'도 잘한다. 일종의 악순환이랄까.

감사할 줄 모르는 사람에게 당신의 선량함을 먹이로 던져주지 마라. 결국 바보가 되는 쪽은 자신일 테니 말이다. 백 번을 못 해주다가 한 번 잘해주면 '알고 보니 괜찮은 사람이네.'라고 하는 사람이 있다. 이런 사람들은 반대로 백 번을 잘해줘도 한 번 못 해주면 즉시 낯빛이 변한다. 이런 사람에게 끝도 없이 선의를 베풀어주는 것은 오히려 잘못이다.

예전에 이런 일이 있었다. 어느 만둣가게 주인이 제때 따뜻

한 식사를 하지 못하는 환경미화원과 부랑자들에게 '사랑의 만두'를 공짜로 나누어주었다. 얼마간 선행을 계속하다가 주인이 더 이상 만두를 공짜로 주지 못하겠다고 하자, 그간 만두를 얻어먹던 사람들이 거칠게 항의하고 나섰다. 대놓고 욕하는 사람도, 심지어 "만두 말고 돈으로 달라."며 뻔뻔하게 요구하는 사람도 있었다. 모두가 이른바 '착하고 순진한 어려운 서민'들이 벌인 일이었다. 본래대로라면 마땅히 만둣가게 주인에게 감사해야 할 사람들이 감사는커녕 이토록 악한 짓을 벌인 이유는 무엇일까?

이러한 현상을 설명할 수 있는 개념이 바로 경제학의 '한계효용'이다. 당장 굶어 죽을 것 같을 때는 누군가 만두 한 개만 줘도 감지덕지한다. 심지어 그를 위해 충성까지 맹세할 수 있다. 그런데 실컷 먹고 배가 부른 후에 누군가 또 만두를 준다고 해보자. 어떨까? 아마 처음처럼 고맙지는 않을 것이다. 그가 느끼는 행복감은 첫 번째 만두를 먹었을 때가 가장 크며, 이후의 행복 지수는 포만감과 반비례해 떨어진다.

배가 부른 뒤에는 '이제 고기 좀 먹고 싶은데, 왜 자꾸 만두만 주지?'라는 생각이 들기 십상이다. 그러다 손에 십여 개의 만두가 쥐여지면 고마움은 거의 사라지고 스멀스멀 이런 생각이 든다. '이 사람들은 자선을 베푸는 줄 알지만 사실 쇼를 하려는 게 아닐까? 왜 만두만 주냐고, 내가 필요한 게 만두뿐이 아닌데 말이야. 옷도 필요하고, 돈도 필요하고, 집도 필요하고…'

물론 맨 처음 도움을 받았을 때는 대부분이 진심으로 고맙다고 느꼈으리라. 그러나 두 번째, 세 번째, 백 번째로 도움을 받은 후에는 어떨까? 아마 자신이 마땅히 누릴 당연한 권리로 여긴 게 아닐까. 그렇지 않고서야 도움이 끊어졌을 때 그처럼 분노하고 화를 낼 이유가 없다.

인생에서 가장 힘든 시기를 지나고 있을 때, 나는 아는 의사 선생님과 작가 몇 분에게 큰 도움을 받았다. 당시 나의 수입은 매달 2,500위안 정도였는데, 베이징에서는 이 돈으로 기본적인 생활을 유지하는 것조차 어려웠다. 그래서 나는 어려울 때마다 그들에게 손을 벌렸다. 집에 돈 들어갈 일이 생겼을 때도 마찬가지였다. 그들이 아낌없이 도와준 덕에 적은 벌이에도 불구하고 내 주머니는 언제나 여유가 있었다. 그러자 나도 모르게 씀씀이가 커졌다.

월급은 월급대로 써버리고, 돈이 떨어지면 그들의 도움을 받아 살았다. 그렇게 1년쯤 지났을까. 도와주던 사람들이 연달

당신의 친절이 당신을 힘들게 한다

아 경제적 원조를 끊었다. 나는 주체할 수 없는 분노에 휩싸여서 SNS와 문자메시지로 그들에게 '피도 눈물도 없는 나쁜 사람'이라고 퍼붓고는 전부 차단해버렸다.

나중에야 당시 그들의 사정을 알게 되었다. 일례로 의사 선생님은 의료기기 회사를 창업하느라 큰돈이 드는 바람에 나를 도와줄 수 없게 된 것이었다. 다른 작가들도 마찬가지였다. 누구는 주식투자에 실패해서, 누구는 집안에 큰 변고가 생겨서, 또 누구는 말 못 할 어려움에 빠져서 남을 도와줄 형편이 아니었다.

또 다른 작가도 나를 1년여간 도와주었는데, 어느 날 갑자기 더는 도와줄 수 없게 되었다며 자신을 만나러 와주지 않겠느냐고 물었다. 나는 화가 나서 거절했지만 나중에 그가 내 회사로 찾아와서 같이 몇 번 밥을 먹었다. 나중에 알고 보니 그때 그는 위장관기질종양 말기 판정을 받은 뒤였다. 이미 간까지 전이된 상태였다. 그는 엄청난 의료비를 써서 간신히 목숨을 이어갔다. 마지막으로 만났을 때 키 174센티미터의 그는 45킬로그램까지 말라 있었다. 그리고 그는 이 세상을 영원히 떠났다.

'2005년 중국을 감동시킨 인물'로 선정되었던 가수 총페이

叢飛를 아는가? 그는 짧은 생애 동안 자선공연 400여 회, 누적 기부액 300만 위안이라는 기록을 남겼으며, 183명의 불우한 학생을 경제적으로 도왔다. 하지만 불행하게도 빈곤아동 학업지원을 위한 공연에 전념하다가 치료 시기를 놓치는 바람에 위암으로 세상을 뜨고 말았다. 그의 나이 겨우 37세의 일이다. 그런데 총페이가 병을 밝히고 지원 중단을 알렸을 때, 그간 도움을 받던 사람들의 반응이 가관이었다.

"돈 없는 것 맞아? 공연으로 그렇게 많이 벌어놓고 그깟 위병 치료에 얼마나 든다고 지원을 못 해줘?"

"우리 애 대학 졸업할 때까지 책임져준다고 약속했잖아요? 이제 겨우 중학교 올라갔는데 이제 와서 돈을 못 준다고 하면 어떡해요."

"언제 다 나아요? 언제부터 노래해서 다시 돈 벌 수 있어요? 연예인들은 돈 쉽게 벌잖아요."

총페이가 인생의 마지막 나날을 어떻게 보냈는지는 알 수 없다. 다만 그가 열심히 벌고 아껴서 도와준 사람들이 죽음을 앞둔 그를 얼마나 냉정히 대했는지, 끝까지 손을 벌리며 돈을 요구했는지는 모두가 안다. 심지어 후원을 받지 못하게 되자 그간 그에게 도움을 받은 것조차 부정하는 학생들이 속출했다.

이들은 어째서 분노하는가. 무슨 근거로 그렇게 당당히 요구할 수 있는가. 알고 보면 그 배후에는 남의 도움 없이는 자기 인생조차 제대로 살지 못하는 스스로에 대한 비참함과 당혹감이 있다. 그러나 뒤틀린 심리 탓에 정작 자기 자신은 용서하고, 자신을 도와준 사람에게 비난의 화살을 돌리는 것이다. 이들은 자신이 여태껏 누린 이익을 잃게 됐다는 사실에만 분노할 뿐, 자신을 도와준 사람이 어려움에 빠진 것에 대해서는 일말의 동정심도 보이지 않는다.

나도 총페이가 도와줬던 학생들과 똑같았다. 똑같이 전형적인 '감사의 한계효용 체감'의 늪에 빠졌고 당연한 도움을 받지 못했다는 생각에 분노했다. '도움을 받는 사람'에서 '도움받은 후 버려진 사람'이 되자 그전까지는 스스로 약자라고 여긴 적이 없었는데도 마치 엄청난 피해자가 된 느낌이었다.

친구도 비슷한 이야기를 들려주었다. 어린 시절 그의 집은 매우 가난했다. 그런데 자식은 셋이나 돼서 자칫 학교도 다니지도 못할 뻔했다고 한다. 나중에 혼자 힘으로 창업해서 어느 정도 돈을 벌고 나자 어려웠던 시절이 생각난 그는 사회에 환원하자는 취지로 어려운 대학생 몇 명에게 학비를 지원하기 시작했다. 한 번은 현금 흐름에 문제가 생겨 돈을 보내지 못할 상황이 됐다. 그는 급히 학생들에게 전화를 걸어 사정을 설명했다. 학생들은 대부분 이해한다며 감사하다고 했지만, 한 학생은 달랐다. 간담이 서늘해질 정도로 태도가 달라지더니 다짜고짜 따지기 시작한 것이다.

"돈도 없으면서 애당초 후원을 왜 하신 겁니까? 선생님이 후원한다고 나선 바람에 다른 사람들이 도와준다는 것도 다 거절했어요. 그런데 이제 와 돈을 못 주신다면 대체 어디 가서 학비를 구하란 말입니까? 학교 동기들한테 얼굴도 못 들게 생겼잖아요. 예정에 없이 휴학이라도 해야 하는 건지."

친구는 자기가 잘못했다고 생각했다. 그래서 직접 학생을 찾아가 자신이 학교 측에 사정을 설명하고, 학비를 한두 달 정도 유예하는 방안을 찾아보겠노라고 말했다. 그런데 학생은 도리어 벌컥 화를 냈다. "저를 얼마나 더 곤란하게 만들려고 그러세요? 선생님이 학교에 오면 제가 남에게 도움을 받아 학교에 다닌다는 사실을 모두가 알게 되잖아요? 친구들이 저를 얼마나 우습게 보겠어요?"

마침내 친구도 화가 났다. 선의로 시작한 일이 이런 결과를 낳으리라고는 꿈에도 생각지 못했기에 절망감마저 느꼈다. 게다가 이 학생의 기숙사 방에 가보고는 더욱 실망하고 말았다. 공부한 흔적이 전혀 없었던 것이다. 침대 위에는 온갖 게

당신의 친절이 당신을 힘들게 한다

임 포스터만 널려 있었다. 담당 교수와 동기들에게 물어본 후이 학생이 평소 수업도 빼먹고 술과 담배에 절어 살며 여학생 꽁무니만 졸졸 따라다닌다는 사실도 알게 되었다. 강의실보다는 술집에서 더 자주 보인다는 증언까지 나왔다. 여태껏 이처럼 엉망진창인 사람을 도와줬다는 사실에 그는 큰 충격을 받았다.

친구는 이 일을 계기로 확실히 깨달았다고 했다. "다른 사람에게 잘해준 건 내 의무여서가 아니라 선의가 있었기 때문이야. 그런데 도움받은 상대가 그걸 당연하게 여기는 모습을 보니 작은 선행으로 도리어 큰 악을 만들어낸 것 같아 죄책감이 생기더라."

춘추전국시대에는 자기 나라 사람이 노예로 있는 것을 보면 돈을 주고 사서 구해와야 한다는 법이 있었다. 물론 돌아와서 관청에 보고하면 돈을 돌려받을 수 있었다. 그러던 어느 날, 공자의 제자가 타국에서 노예살이를 하던 자국 사람을 사서 구해오고는 관청에 비용을 청구하지 않았다. 사람들은 그의 훌륭한 인품을 칭찬했지만 정작 공자는 그를 크게 꾸짖었다.

"너는 그렇게 하지 말았어야 했다. 너의 훌륭한 행동 때문에 결국은 아무도 노예를 구해오지 않게 될 것이다. 노예를 사온 뒤 돈을 청구하지 않는 것이 훌륭한 인품의 기준이 됐는데, 누가 돈을 청구하겠느냐? 돈을 돌려받지 못하게 됐는데, 누가 자기 돈을 써서 노예를 구하려 하겠느냐?"

공자가 말한 대로였다. 그 이후로는 아무도 관청에 돈을 청구하지 않았고, 노예를 구해오는 일 역시 현저하게 줄어든 것이다.

명나라에 여문의呂文懿라는 공정하고 청렴한 재상이 있었다. 그는 관직에서 물러난 후 고향으로 내려가 살았는데, 어느 날 한 사람이 술에 잔뜩 취해서 그에 대해 함부로 욕설을 퍼부었다. 나중에 여 재상은 이 사실을 다른 사람에게 전해 들었지만 선의를 베풀어 그의 죄를 추궁하지 않았다.

그런데 얼마 후, 그 사람이 훨씬 심각한 죄를 짓고 사형을 당했다는 소식이 들려왔다. 여 재상은 몹시 괴로워하며 스스로 탓했다. 자신이 인정을 베푼 바람에 오히려 그가 잘못을 반성할 기회를 놓치고 마침내 죽을죄까지 지었기 때문이다. 차라리 진즉에 합당한 벌을 받았더라면 죄를 뉘우치고 바른길로 돌아왔을지도 모르는 일이다.

이 세상을 살아가려면 선한 마음을 굳게 지켜야 한다. 그러나 선한 마음이 반드시 좋은 결과를 낳는 것은 아니며, 수많은

당신의 친절이 당신을 힘들게 한다

'작은 선의'가 엄청난 화를 일으키기도 한다는 사실 또한 기억해야 한다. 맹목적인 선량함은 오히려 잘못일 수 있다.

옛말에 "배는 적당히 부른 것이 좋고, 사람은 적당히 잘해주는 편이 좋다."고 했다. 아이들에게도 어려서부터 선한 사람이되, 최소한의 선을 지키며 아닐 때는 아니라고 말할 수 있도록 가르쳐야 한다. 비록 선량함으로 인해 많은 어려움을 겪는다 할지라도 끝까지 마음의 선한 생각을 포기하지 말기를 바란다.

양보하지 말아야 할 사람,
물러서지 않아야 할 때

～～～～～～～ 타고난 한량인 남자가 있었다. 제대로 하는 일 없이 빈둥거리고, 직업도 마땅치 않으며, 틈만 나면 노름판이나 술집에 들락거리는 남자였다. 결혼도 두 번이나 했지만 두 번 다 바람피워 이혼하고 말았다.

그런데 세 번째 결혼 이후 갑자기 사람이 달라졌다. 이전까지의 건달 생활을 싹 정리하고 매우 모범적이고 건실한 남편이 된 것이다. 어느 날, 과거의 그를 아는 지인이 그에게 물었다.

"어떻게 이렇게 변했어요? 예전 부인들하고는 싸우기도 많이 싸우더니, 이번 부인하고는 말다툼조차 하지 않고 말이죠. 이번에는 확실히 천생연분을 만난 건가요?"

그러자 그가 이렇게 대답했다.

"아내가 개를 다룰 줄 알거든요."

당신의 친절이 당신을 힘들게 한다

지인은 이해할 수 없다는 듯 다시 물었다.

"그게 무슨 상관이 있나요?"

"우리 집에 사람만 보면 짖는 개가 있었어요. 아내가 처음 집에 왔을 때도 쉬지 않고 짖었지요. 그러자 아내가 개를 쓱 쳐다보며 이렇게 말하더군요. '이번이 처음이야.' 두 번째로 아내가 우리 집에 온 날, 개가 또 짖어대니까 아내는 식칼을 들고 말했어요. '이번이 두 번째.' 세 번째로 온 날, 개는 여전히 아내를 향해 계속 짖었어요. 그러자 아내가 칼을 들더니 이러더군요. '이번이 마지막이야.' 그러고는 개를 죽여버렸어요."

D는 속된 말로 '박 터지게' 공부한 끝에 공무원이 되었다. 그녀는 비록 아주 대단한 직업은 아니지만 어쨌든 걱정 없이 먹고살 수 있게 되었다는 생각에 한시름 놓았다. 하지만 사람이 있는 곳이라면 어디든 문제가 생기는 법, 그녀는 발령받아 간 부서에서 자신보다 나이가 조금 더 많은 여자 동료와 갈등을 겪게 되었다.

이유는 알 수 없지만 그녀를 눈엣가시로 여기며 온갖 일에 트집을 잡았던 것이다. 옷차림을 지적하기도 하고, 태도에 문제가 있다며 없는 말을 지어내서 그녀를 난처하게 만들기도 했다. 인맥이 전혀 없었던 그녀로서는 속수무책으로 당할 수밖에 없었다. 벼랑 끝에 몰린 그녀는 마지막으로 용기를 내 이 비우호적인 동료가 무엇을 좋아하는지 연구하기 시작했다. 알고 보니 동료는 연극의 광팬이었다.

그날부터 그녀는 틈만 나면 자신이 연극을 얼마나 좋아하는지를 열심히 말하고 다녔다. 어쩌다 동료와 같이 엘리베이터를 타게 되면 잊지 않고 그 이야기를 꺼냈다. 그러자 차츰차츰 동료와 대화하는 빈도가 늘어났다. 주로 연극이 화제에 올랐고, 함께 노래방을 가기도 했다. 그러자 관계가 눈에 띄게 달라졌다. 그녀가 잘 몰랐던 직장 내 여러 가지 복지혜택을 챙겨주는 정도까지 이르렀다. 이전의 팽팽한 긴장감은 사라지고 화기애애한 사이가 된 것이다.

이처럼 괴롭힘당할 때도 당황하지 않고 전술적 화해를 이뤄 '적을 친구로 만드는 것'이야말로 능력이요, 수완이다. 병서에 따르면 "잘 다스리는 사람은 군사를 일으키지 않고, 군사를 잘 쓰는 사람은 진을 펼치지 않으며, 진을 잘 펴는 사람은 싸우지 않고, 잘 싸우는 사람은 패하지 않으며, 패하더라도 잘 대처하는 사람은 망하지 않는" 법이다.

사마의는 승리만 생각하는 사람이 오히려 이기기 어려우며, 싸우기에 앞서 잘 패하는 법을 먼저 배워야 한다고 주장했

당신의 친절이 당신을 힘들게 한다

다. 즉, 패하더라도 부끄럽게 여기거나 상처를 입지 않아야 비로소 최후에 웃을 수 있다고 했다.

사마의는 자신이 전술 면에서 제갈량을 이길 수 없다는 사실을 잘 알았다. 그래서 소극적으로 싸움을 피하는 전략을 선택했고, 국지적 전투에서 매번 제갈량에게 졌다. 하지만 결국 마지막에 승리한 사람은 제갈량이 아니었다. 제갈량은 일곱 번의 북벌에서 전쟁의 흐름을 장악할 만한 군사적 성과를 한 번도 올리지 못하고 병사했으며, 결국 제갈량을 잃은 촉나라 역시 기울고 말았다.

《삼국지연의》에 보면 제갈량이 조진曹真을 대패시킨 후 편지를 보내 그를 모욕하자, 조진이 화병으로 죽는다는 내용이 등장한다. 그러나 제갈량이 전면전을 피하는 사마의를 자극하기 위해 여자 옷을 보내 조롱했을 때, 사마의는 의연히 그 옷을 걸칠지언정 끝까지 전쟁에 나서지 않았다. 결국 사마의의 절묘한 작전에 말려든 제갈량은 최종적인 승리를 얻지 못하고 병들어 죽고 만다.

처음부터 환경이 자신에게 미칠 이해관계를 정확히 판단할 수는 없다. 또한 사람도 하루 이틀 보아서는 좋은 사람인지, 나쁜 사람인지 알 수 없다. 그러나 외부세계가 나에게 우호적이지 않다는 확신이 들 때는 나름의 방법을 사용해서 갈등을 풀 수 있어야 한다.

한 신하가 군주에게 죄를 짓고 달아나다가 우연히 옛 지인이 사는 마을을 지나게 되었다. 그 사실을 안 시종이 친구에게 의탁하는 게 어떠냐고 묻자 신하는 이렇게 대답했다.

"그가 예전에 내게 많은 선물을 보내고 잘해준 까닭은 나를 좋아해서가 아니라 그때 내 손에 권력이 있었기 때문이다. 지금의 나는 도망자이니, 그는 분명히 나를 잡아 군주에게 넘겨 권력의 환심을 얻으려 할 것이다."

결국 그는 마을에 머물지 않고 신속하게 빠져나갔다. 그러자 그 소식을 들은 지인이 과연 그의 뒤를 추격했다. 선물 공세를 벌이며 호의를 사려 애쓰던 과거와는 사뭇 다른 모습이었다. 현실에서는 저 사람이 내게 진심으로 우호적인지, 아니면 다른 꿍꿍이가 있는지 구분하기가 어렵다. 그래서 옛말에 승승장구할 때는 자신을 시험하고, 내리막길일 때는 친구를 관찰하라고 한 것이다. 인간은 매우 불안정한 존재다. 상대의 진짜 의도를 제대로 파악하지 못하면 잘못된 판단을 내릴 수밖에 없다.

겉으로 우호적이거나 초반에 비우호적인 모습만 보고 한 사람의 인품을 전부 이해할 수는 없다. 그러나 덕으로 덕을 갚

당신의 친절이 당신을 힘들게 한다

고, 강직함과 공정함으로 원한을 갚는다면 충분히 훌륭한 사람이다. 따라서 다른 사람의 기분을 맞추려고 스스로 낮추는 것은 어리석은 짓이다. 상대는 내가 생각하는 것만큼 고마워하지도, 나의 선한 마음을 필요로 하지도 않는다.

어쩌면 우리는 남들과 똑같이 가장 기본적인 교육을 받고 비슷한 길을 걸어왔으면서도 스스로 훨씬 괜찮은 사람이라고 생각하는지도 모른다. 그래서 훨씬 우호적인 대우를 받을 자격이 있다고 착각하고 있는지도 모른다. 하지만 실상은 다르다. 다른 사람의 눈에 비친 우리는 남들과 다를 바 없는 아무개일 뿐이다. 얼마든지 무시할 수도, 경시할 수도, 심지어 미워할 수도 있는 존재다. 나 스스로 남보다 훨씬 낫다고 아무리 생각한들, 남들이 보기에는 특별한 점 하나 없는 보통 사람인 것이다.

심리학 관점에서 보면 한 사람의 인격은 과거의 경험, 습관, 취향, 선호, 자기평가 및 경험이 취합된 결과물이다. 우리는 일상생활 중에 외부세계와 얽히는 매 순간을 통해 자신의 심적 모형Mental Models을 조금씩 바꿔간다. 반사회적인 인격을 가진 사람은 반드시 과거에 일련의 해로운 행동을 해서 이득을 본 경험이 있기 마련이다. 이른바 좋은 사람도 마찬가지다.

과거에 선한 생각과 행동을 한 덕분에 보상을 받았던 경험 때문에 좋은 행동양식을 갖게 되었다고 볼 수 있다. 사람은 자신의 행동양식을 의식적으로 바꾸지 못한다. 그저 매번 습관적으로 표현하고 행동하며, 절반 정도는 외부세계로부터 지지나 묵인을 받을 뿐이다.

대부분의 상황에서 우리는 선한 쪽으로 행동해야 한다. 그러나 만약 외부세계가 우리의 행동에 비우호적인 반응을 보인다면 나름의 방법을 이용해 교묘히 갈등을 해소하는 동시에 비우호적인 사람들을 멀리할 방안을 고민할 필요가 있다.

당신의 친절이 당신을 힘들게 한다

Chapter 4

함부로 대하기 어려운 사람이 되어라

선해 보이는 일도 인간의 욕심 때문에
나쁜 일로 변하는 경우가 비일비재하다.
선의가 악의로 돌아올 때다.
베풀다 도리어 화를 입는 '양호유환養虎遺患'을 새겨
자신이 감당할 수 있는 범위 안에서만 선량함을 베풀라.

우정을 들먹이며
돈 빌려달라는 친구

～～～～～～～～ 나는 게임을 좋아한다. 주로 롤플레잉 게임을 하는데, 게임하면서 사귄 친구도 많은 편이다. 물론 이 친구들과는 늘 온라인으로만 교류할 뿐 오프라인에서 만난 적은 한 번도 없다. 그런데도 우리 사이에는 현실에서 경험해보지 못한 묘한 유대감과 우정이 존재한다.

예를 들어 친구 하나가 괴롭힘을 당하다가 구조 신호를 보내면 모두가 기다렸다는 듯 몰려가 그를 구출한다. 한창 좋았던 시절에는 상대의 체력을 채워주거나 좋은 아이템을 나눠 갖고, 친구가 레벨 업을 할 수 있도록 품앗이하듯 서로 게임을 도와주기도 했다.

어느 날, 그중 한 친구가 당장 사고 싶은 아이템이 생겼는데 코인이 부족하다며 누가 대신 충전 좀 해줄 수 있느냐고 물

함부로 대하기 어려운 사람이 되어라

어왔다. 평소 희귀한 아이템도 선뜻 빌려주고, 돈을 빌렸다가도 곧바로 갚는 친구였기 때문에 다들 흔쾌히 그러겠다고 했다. 누구는 200위안, 누구는 500위안, 심지어 어떤 친구는 1,000위안이나 그에게 보냈다. 하지만 이번에는 달랐다.

그 친구가 종적을 감춘 것이다. 더는 게임에 나타나지 않았으며, 메신저와 SNS 계정도 한꺼번에 사라졌다. 마침 전화번호를 알고 있던 친구가 연락해봤지만 '수신거부'라는 메시지만 돌아왔다.

괜찮은 인간관계에서 제일 깔끔하게 우정을 깨는 방법을 고르라면 바로 이것이다. 돈을 빌리고, 사라지면 된다.

예전에 출판업에 질린 나머지 다시는 이 업계에 발도 들이지 않겠다고 결심하고 전직한 적이 있다. 당시 나는 친구의 소개를 받아 항저우의 한 회사에 비서로 취직했다. 관을 만드는 업체였는데, 처음에는 적응하기가 너무 힘들었다. 베이징에서 온갖 편의를 누리다가 구석진 시골 공장, 그것도 관 짜는 공장에서 일하려니 어디 쉬웠겠는가.

다행히 같이 일하는 사람들이 다 괜찮았다. 특히 젊은 여직원들은 언니라고 부르며 스스럼없이 먼저 다가와주었다. 그마음 씀씀이가 어찌나 고마웠던지, 나는 그들이 놀러오기를 바라며 일부러 내 방에 대접용 과자와 간식을 마련해두기도 했다. 첫 번째 달은 꽤 즐겁게 흘러갔다.

여직원들은 내게 낯선 현지의 풍습과 생활방식을 친절히 알려줬고, 때로는 개인적 고민이나 가정상황 등을 털어놓았다. 어느새 나는 그들에게 친언니 같은 존재가 되었다. 나 역시 그들과 함께하며 위로해주는 일이 즐거웠다. 또 다들 나보다 어렸기에 가끔씩 '용돈'을 주기도 했다.

그러나 딱 한 가지 일을 계기로 상황이 바뀌었다. 어느 날, 한 여직원이 내게 휴대폰을 바꾸고 싶은데 돈이 부족하다며 우는소리를 했다. 평소 자기 휴대폰이 고물이라며 툴툴대던 아이였다. 그녀는 이번에 새로 출시된 신형 휴대폰을 사고 싶은데, 한 달 실수령액이 겨우 1,500위안이라 먹고사는 것만도 빠듯하다며 울상을 지었다. 그러더니 대뜸 3,000위안을 빌려줄 수 있냐고 물었다. 당시 나는 그만한 돈을 써도 될 만큼 우리 사이에 신뢰가 쌓였다고 믿었기에 곧장 보내주었다.

그런데 다음날 예상치 못한 상황이 벌어졌다. 또 다른 여직원 세 명이 돈을 빌려달라며 찾아온 것이다. 한 명은 1,000위안, 다른 한 명은 500위안, 나머지 한 명은 300위안을 요구했다. 물론 당황스러웠지만 형편이 얼마나 어려웠으면 그럴까

함부로 대하기 어려운 사람이 되어라

싶어서 입을 꾹 다물고 모두 빌려줬다.

하지만 한 달이 넘도록 아무도 갚지 않았다. 심지어 그중 한 명은 배실배실 웃으며 돈을 더 빌릴 수 있는지 떠보기까지 했다. 나는 어쩔 수 없이 집에 급한 일이 생겨서 월급을 전부 부치고 있다고 대답했다. 또 한 달이 흘렀고, 여전히 다들 감감무소식이었다. 그러다 3,000위안을 빌려 간 아이가 또 돈을 빌리려고 할 때야 나는 비로소 깨달았다. 그들은 처음부터 내 돈을 갚을 생각이 전혀 없었다. 전부 떼어먹힌 것이다.

언제나 좋은 사람, 늘 올바른 일을 하던 사람이 실수로 잘못하면 사람들은 곧장 혀를 차며 말한다. "몰랐는데 저 사람, 별로구먼." 그런데 평소 나쁜 인간으로 각인되었던 사람이 갑자기 착한 일을 하면 알고 보니 괜찮은 사람이었다며 다들 칭찬 일색이다. 세상 이치라는 게 그렇다. 손해를 감수하면서까지 선의를 베풀면 결국 악한 사람의 먹이가 되고 만다. 반대로 조금만 용기를 내어 내 것을 지키면 결과는 크게 달라진다.

누구나 자기 차를 갖고 싶어 한다. 출퇴근할 때든 주말이나 휴가 기간에 어디를 놀러갈 때든, 차가 있으면 확실히 편하다. 그런데 큰맘 먹고 차를 살 경우, 골치 아픈 문제가 뒤따른다. 주변에서 자꾸 '차를 빌리려' 하기 때문이다.

"어이, 친구! 내일 차 쓸 일 있어? 없으면 좀 빌릴 수 있을까?"

"네 차를 이틀만 빌려줄 수 있니? 내가 어딜 급하게 가야 해서 말이야."

차를 빌리려는 이유도 다양하다. 친척 집에 다녀오려고, 고객을 모셔야 해서, 공항에서 친구를 픽업하기 위해, 우리 마누라가 애를 낳아서 등등. 만약 친한 친구가 차를 빌려달라고 하면 당신은 어떻게 하겠는가? 빌려줄 텐가, 빌려주지 않을 텐가?

내 생각이지만 자신의 애마를 쉽게 빌려줄 차주는 많지 않으리라고 본다. 한 푼 두 푼 모아 어렵게 사서 평소에는 자신도 닳을까 봐 아껴 몰던 귀한 차가 아닌가. 만약 남에게 빌려줬다가 사고라도 난다면? 작게는 보험 문제, 크게는 범죄에 연루될지도 모르는 일이다. 인명사고라도 나면 어쩔 텐가? 차를 빌려준 사람은 괜찮을까? 정 때문에 어쩔 수 없이 빌려준다고 해도 문제가 생기면 결국 내가 책임질 수밖에 없다.

'도와주면 정을 지키는 것이고 도와주지 않으면 본분을 지키는 것'이라는 말이 있다. 친구가 돈이나 차를 빌려달라고 할 때는 얼마든지 거절해도 된다. 그것은 당연한 권리다. 억지로

함부로 대하기 어려운 사람이 되어라

'좋은 사람'이 될 필요도, 남을 만족시키기 위해 자신을 희생할 이유도 전혀 없다. 물론 거절해도 쉽게 포기하지 않는 사람이 있다. 심지어 일부 무례한 사람은 깡패마냥 '도덕적 속박'으로 당신을 묶으려 한다.

"아이고, 그 잘난 차 한 대 있다 이거지?"

"그깟 돈 몇 푼 가지고 그래? 평소에는 펑펑 써대더니만 나 빌려줄 돈은 없어?"

"에이, 너랑 나랑 가족이나 다름없는데 이렇게 치사하게 굴기야?"

"우리가 알고 지낸 게 몇 년인데, 차 한 번 못 빌려줘?"

그들은 당신이 거절했다는 사실 하나만 붙들고 늘어지며 당당하게 비난을 퍼붓는다. 그런 말을 듣다 보면 아무래도 마음이 힘들어진다. 내 노력, 내 힘으로 산 차를 왜 빌려줘야만 하는가? 단지 상대의 기분을 거슬렀다는 이유로 이런 모진 말을 들을 필요가 있을까? 부탁하는 입장인 그들이 나를 비난하고 심지어 위협까지 할 수 있는 근거는 대체 무엇인가? 따지고 보면 모두가 '도덕적 속박' 때문이다. 남에게 무언가 당당하게 요구할 수 있는 심리를 지탱하는 근간 역시 도덕적 속박이다.

"우리가 겨우 이 정도 사이였어? 너라면 나를 도와줘야 하는 거 아냐?"

"돈도 그렇게 많이 벌면서 나한테 이만큼도 못 빌려줘?"

"난 우리가 형제라고 생각했어. 안 도와줄 거면 앞으로 나 볼 생각하지 마."

몇 년 전 개봉한 천카이거陳凱歌 감독의 영화 '수색搜索'을 보자. 주인공 란추는 자신이 암에 걸렸다는 사실을 알고 잔뜩 상심한 채 버스를 탄다. 자리에 앉은 란추 앞에 노인이 와서 섰지만 실의와 고통에 빠진 그녀는 자리 양보하기를 거절한다. 그런데 누군가 이 장면을 몰래 찍은 영상이 인터넷에 유포되면서 란추는 순식간에 질타의 대상이 된다. 무자비한 마녀사냥과 암이라는 병마 사이에서 오도 가도 못하게 된 그녀는 결국 자살로 생을 마감한다.

이 영화 속 대중처럼 도덕적 속박을 들이밀며 남을 손가락질하는 사람들은 당신이 무슨 일을 겪고 있는지, 혹은 겪었는지 전혀 알지 못한다. 그들 눈에는 오로지 '숭고한 도덕'이라는 명분으로 타인을 질책하고 통제하고픈 자신의 욕망밖에 보이지 않는다. 그리고 이들이 들이댄 도덕적 잣대를 만족시키지 못했다는 이유 하나만으로 당신은 얼마든지 나쁜 사람이 될 수도, 만인의 지탄을 받아도 싼 인간이 될 수도 있다.

이런 사람들은 극도로 이기적이다. 오로지 얻기만 바랄 뿐, 조금도 희생하려 하지 않는다. 언제나 자신을 최우선으로 놓고 생각하며 모두가 자기를 중심으로 돌기를 바란다. 규범의식도 없고 법률 개념도 없으며 도덕적 속박에도 묶이지 않는다. 마치 온 세상이 자신에게 빚지기라도 한 양, 타인의 도움과 베풂을 당연한 것으로 여기고 조금도 감사하지 않는다.

세상을 자신의 소유물로 여기고 남을 불평등하게 대할 뿐만 아니라 심한 경우 아예 사람으로 대하지도 않는다. 그들에게 타인이란 그저 자신이 상상하는 세계를 완성할 도구에 불과하다. 이들은 또한 매우 고집스러운 동시에 매우 나약하기 때문에 자신을 향한 의문과 거절을 견디지 못한다. 그렇기에 의문과 거절에 부딪쳐서 내면의 기대가 무너지면 극단적 저항감, 심지어 공격 성향까지 보인다.

이런 사람을 상대하는 가장 현명한 방법은 그들이 요구하는 바를 들어주지 않는 것이다. 차라리 그들이 당신을 미워하며 멀어지게 두는 편이 낫다. 그게 무섭다고 무턱대고 끌려가다 보면 결국은 내가 지치고, 상처받고, 너덜너덜해진다. 모든 사람을 존중하고 배려해줄 필요는 없다. 나를 존중하고 배려해주는 사람만 그렇게 대하면 된다. 누구에게도 스스로 상처 입히면서까지 남을 만족시킬 의무는 없다.

10년의 괴롭힘을
너라면 잊겠니

～～～～～～～～～ 사람들은 비교적 피해자에게 가혹하고 가해자에게 관대하다. 또 어떻게 대응해야 피해를 막을 수 있는지 피해자에게 조언하는 사람은 많지만, 어떻게 가해자를 막을지 고민하는 사람은 많지 않다. 이런 상황에서 피해자는 정신적 고통을 참지 못하고 오히려 가해자로 변하기도 한다. 신문기사에 이런 헤드라인의 기사가 떴다. "상습 가정폭력남, 갑작스런 사고로 반신불수가 된 후 온 가족에게 차단당하다."

대략적인 내용을 훑어보았다. 기사의 주인공은 심각한 가정폭력범으로, 온 가족이 평생 그의 폭력에 시달렸다고 한다. 아내와 딸도 자주 얻어맞았지만 가장 심하게 맞은 사람은 아들이었다. 갈비뼈만 몇 번이 부러졌다니 얼마나 심각했는지 알 수 있다.

함부로 대하기 어려운 사람이 되어라

그런데 예기치 못한 사고로 반신불수가 되자 남자는 태도를 바꿔 가족에게 용서를 빌고 자신을 돌봐달라고 간청했다. 또한 그간 폭력을 휘두른 것은 나쁜 의도가 있어서 그런 게 아니라 단지 성질을 다스리지 못한 탓이라고 변명했다. 가족에게 손댄 것은 인정하지만 폭력이 심하지는 않았으며, 앞으로는 손찌검하는 버릇을 반드시 고치겠다고 맹세도 했다. 남자는 진심으로 후회한다고 했지만 때는 늦었고 결국 가족 모두가 그와 인연을 끊었다.

사람마다 폭력의 심각성을 판단하는 기준이 다르다. 내 고향에도 이런 '가정폭력범'들이 있었다. 그중 하나는 아들을 때려죽였고, 다른 하나는 아들을 미치게 만들었다. 또 다른 가정폭력범의 아들은 그나마 도망쳐서 목숨을 건졌다. 흥미롭게도 가해자들은 약속이나 한 듯 모두 똑같이 말했다. 잘 기억나지는 않지만 실제로 손찌검한 적은 몇 번 되지 않으며 어쩌다 한 번 심하게 때렸을 수도 있다는 것이다. 이렇듯 '약자에게 강하고 강자에게 약한' 작자들은 자신이 약자로 전락하기 전까지는 절대 반성하지 않는다.

나는 '어메이징 그레이스'(Amazing Grace, 2006)라는 영화를 매우 좋아한다. 노예해방을 위해 평생을 바쳐 싸운 개인의 위대한 이야기가 언제 보아도 뜨거운 감동을 주기 때문이다. 부유한 집안 출신인 주인공은 영국의 국회의원이자 총리와 절친한 친구 사이다. 그의 신분과 지위만 보면 평생 아무 걱정 없이 부와 명예를 누리며 살 수 있었다.

하지만 그는 평생 흑인 노예해방을 위해 싸운다. 물론 그 길은 결코 쉽지 않다. 그가 발의한 노예제 폐지 법안은 줄줄이 기각되고, 그때마다 엄청난 비난과 반대가 그에게 쏟아진다. 결국 그는 중병을 얻고 고통을 잊기 위해 아편에 의지하는 지경까지 이른다.

그러던 어느 날, 주인공은 묘안을 짜낸다. '선상 파티'라고 속여서 귀족들을 노예선에 태우고, 노예들이 학대받는 실상을 두 눈으로 보게 한 것이다. 자신과 똑같은 인간이 단지 노예라는 이유로 비참한 대우를 받는 모습을 보고 충격받은 귀족들은 결국 주인공을 지지하는 쪽으로 돌아선다.

이후에 프랑스혁명의 영향이 영국까지 전해지고 관련 해상 법안까지 개정되면서 그가 발의한 법안이 마침내 통과된다. 귀족들이 노예를 사고팔 수 없게 된 것이다. 법안 통과와 동시에 병에 시달리던 그의 인생도 달라진다. 건강을 회복했을 뿐만 아니라 두 아이까지 얻는다. 이 영화를 볼 때마다 나는 늘 주인공의 숭고한 정신과 헌신에 전율을 느낀다.

그러나 영화의 제목이자 유명한 찬송가인 '어메이징 그레이스'의 원작자, 존 뉴턴John Newton이 어떤 인생 경력을 갖고 있었는지 알고 난 뒤 영화에 대한 감동이 상당 부분 깎이고 말았다. 알고 보니 그는 원래 악덕한 노예 상인이었다. 그러다 그 자신이 아프리카에서 붙잡혀 노예로 전락해 수년간 고통을 겪고 난 이후에 회심해서 흑인 노예의 입장에 섰고, 이 노래도 만들었다는 것이다.

열세 명의 생명을 앗은 뒤 '나는 원래 착한 사람'이라는 궤변을 늘어놓은 흉악범도 있다. 1995년, 그는 해산물 가게 사장을 대상으로 강도 행각을 벌인다. 1997년에는 부동산 사장을 살해하고 1,000만 위안을 강탈했으며, 1998년에는 패거리와 함께 경찰 네 명과 남성 한 명을 총으로 죽인다(그중에는 사법경찰 부대장도 있었다). 1년 뒤인 1999년, 그는 또다시 치안 대원에게 총격을 가해 사망에 이르게 한다. 2005년에 붙잡힐 때까지 그가 살해한 사람은 무려 열세 명이었다.

그에게는 전형적인 '증명자의 편집증'이 보인다. 자신이 인정한 원칙만 따르고 자신이 옳다고 인정한 일만 했기 때문이다. 어쩌면 이러한 집요함은 어린 시절부터 조금씩 자라나 그의 인생을 지배하고, 계속 잘못된 일을 저지르게 함으로써 결국 돌이킬 수 없는 길로 들어서는 원인이 됐는지도 모른다. 이 같은 사람에게는 자신을 증명해 보이는 것이 인생의 목적이다. 즉, 자신이 존중과 신뢰, 명예와 이익을 얻을 만한 존재라는 사실을 증명하기 위해서라면 물불도 가리지 않는다.

긍정적인 힘은 신뢰에서 나오고 부정적인 힘은 불신에서 비롯된다. 만약 타인에게 신뢰를 받으면 우리 마음에는 기쁨과 함께 감사함과 믿음에 부응하고 싶다는 생각이 생긴다. 반대로 불신을 받으면 고통과 함께 보복과 반격을 하고 싶다는 충동이 솟구친다. 고통은 마음에 원한을 만들고, 마음의 원한은 이런 말들로 표출된다.

"나를 무시한 인간들에게 자기들이 얼마나 개눈깔이었는지 반드시 알게 해주겠어."

"날 깔본 놈들은 대가를 치르게 할 거야."

"나를 배신해? 평생 후회하게 만들어주지."

이와 비슷한 일들이 어디 한둘이겠는가. '증명자' 성향이 강한 사람 중 상당수는 미움, 분노, 원한과 강한 복수심을 보인다. 행복보다 고통을 더 깊이, 더 오래 기억하는 것이 인간의 본성이기 때문이다. 게다가 감정이 주는 힘은 목표가 주는 힘보다 훨씬 더 강하다.

반사회적 인격자를 비롯해 심각한 심리적 문제를 겪는 사람의 배경을 살펴보면 원 가족부터 문제투성이인 경우가 절대적으로 많다. 해체된 가족, 가족구성원 간의 불화나 학대 등이 정신적 왜곡의 원인이 되는 것이다. 제대로 기능하지 못하는 가정에서 자란 사람은 자포자기 성향이 강하며 범죄로 빠지기도 쉽다. 또한 비정상적으로 뒤틀린 심리 탓에 한 번 범죄를 저지르면 모든 것을 포기하고 '될 대로 되라.'는 식으로 폭주할 위험이 매우 높다.

이들은 믿음을 매우 중시한다. 어릴 적부터 가정에서 제대로 된 인정을 받아본 적이 없기 때문에 신뢰에 대한 욕구가 오히려 강하다. 이들은 다른 사람을 믿고, 다른 사람도 자신을 믿어주기를 바란다. 친구의 맹세를 믿고, 낯선 이의 눈을 믿으며, 감정의 힘을 믿는다. 또한 서로 처지를 바꾸어 생각해야 한다는 원칙을 맹신한다. 매사에 이성보다는 감정에 휩쓸리는 경향이 강하며 심리적으로 덜 자란 면이 있는 탓에 같은 구덩이에 계속 빠지기도 한다.

이들은 어떤 평가든 자신에게 조금이라도 거슬리는 말을 듣지 못한다. 그리고 '너도 겪어봤다면 내가 굳이 설명할 필요가 없을 테고, 겪어보지 못했다면 말해도 이해하지 못할 것'이라는 논리로 대응한다. 등산해본 사람은 등산의 의미를 알지만, 등산해보지 않았다면 아무리 설명해도 모른다는 식이다.

앞서 언급한 흉악범의 아버지는 담배 농사를 지으며 부업으로 작게 장사도 했다. 성실하고 일 잘 하는 아버지 덕에 그의 가족은 아주 풍족하지는 않았지만 그럭저럭 부족함 없이 살았다. 그러나 어린 시절 그는 밖에서 싸우거나 흠씬 두들겨 맞아도 집에 돌아와서는 가족에게 한마디도 하지 않았다. 얼굴이 멍투성이가 되고 팔다리에 심한 상처가 생겨도 마찬가지였다. 말해봤자 위로받기는커녕 오히려 벌을 서거나 매를 맞았기 때문이다.

그의 아버지는 아이를 엄격히 교육한다는 명목으로 나무 의자에 세워두고 스스로 잘못을 인정할 때까지 때렸다. 밖에서 남에게 괴롭힘을 당해도 집에서 하소연할 수 없게 된 아이는 결국 말없이 참으며 점점 더 폐쇄적으로 변해갔다. 그러다 그는 운명의 첫 번째 변곡점을 만난다. 학창 시절, 교장의 딸과 연애한 것을 들켜서 학교에서 제적당한 것이다.

나중에 그는 군대에 지원해서 모병 시험을 봤다. 그런데 모든 테스트에서 상위권에 들었음에도 최종 선발에서 떨어지고, 그보다 성적이 나빴던 다른 후보가 뽑혔다. 이후로도 그는 무슨 일을 하든 인정받지 못했다. 그가 경험한 세상은 언제나 거

부와 배척, 냉대로 가득했다.

친구들에게 괴롭힘당하고, 아버지에게 이유 없이 얻어맞고, 학교에서 잘리고, 군대마저 가지 못하게 된 그는 자신이 철저히 버려졌다고 느꼈다. 그를 가르쳤던 선생의 말에 따르면 그는 말을 잘 듣지 않고 종종 사고를 치긴 했어도 결코 나쁜 아이는 아니었다고 한다. 동네 사람들의 평도 비슷했다. 다혈질이기는 해도 의리를 중시하는 사람이었다는 것이 중론이다.

한 이웃은 그가 학교에서 쫓겨난 뒤 막노동을 하거나 리어카를 끌며 고물을 주워 돈을 벌었다며 한숨을 쉬었다. 하루에 적을 때는 몇십 위안, 많을 때는 100위안 가까이 벌었고 형과 함께 폐품 수집과 정리를 하러 다니기도 했다는 것이다. 만약 계속 그렇게 열심히 일했다면 언젠가 어엿하게 자기 사업을 했으리라고 동네 사람들은 입을 모았다.

안타깝지만 현실에 '만약'은 존재하지 않는다. 그리고 자신을 증명하고자 한 그의 성급한 욕심과 짧은 안목은 결국 불행을 불러들였다. 1993년, 스무 살이 되자 절도죄로 노동교화원에서 4년 이상 강제 노동하는 처분을 받는다. 출소한 지 겨우 며칠 만에 예전에 어울리던 패거리를 찾아갔고, 본격적인 범죄의 길로 접어든다. 그의 내면세계는 언제나 외로웠으며 동료를 제외한 모든 사람에게 경계심을 품었다. 심지어 자신을 사랑해주는 여자친구조차 자기 세계에 들여놓지 못했다. 체포된 후 양심이 있기는 하냐고 추궁하는 경찰에게 그가 진지하게 대답했다.

"물론 나도 양심이 있어요. 단지 남의 목숨과 내 목숨이 부딪쳤을 때 내 목숨을 보호하기로 결정했을 뿐이죠. 정말 어쩔 수 없이 선택한 거라니까요. 나보다는 칼 든 강도한테 죽어라 반항하는 사람이 더 어리석은 것 아닌가요?"

법정에서 심문을 받을 때도 그는 시종일관 여유롭고 차분했다. 간결하고 침착하게 질문에 대답하는 모습에서는 일말의 후회도, 반성의 기미도 보이지 않았다. 심지어 당당히 이렇게 말하기도 했다. "한 번 사는 인생, 자기 목숨이 제일 중요한 게 당연하지 않나요? 내가 살려면 죽였어야 했다고요!"

그는 자신이 '살인마'가 아니라 좀 이기적인 사람일 뿐이라고 주장했다. 그의 아버지가 한 말 역시 걸작이었다. "사실 심하게 혼낸 적은 없습니다. 그저 좀 엄격했을 뿐이죠."

대체 자식을 어떻게, 얼마나 엄격히 대했기에 자식이 살인범으로 자란 것일까.

"아들이 맞아 죽고 난 뒤에야 학교폭력의 희생자였음을 알게 된 부모"라는 제목의 기사도 있었다. 희생자는 한 PC방에서 동급생들에게 폭행을 당한 끝에 사망했다. 사건의 경과는 이러했다. 사건 당일 저녁, M은 몇몇 동급생과 함께 PC방에서 술을 마시며 게임을 했다. 그러다 동급생들이 M에게 음료수를 사오라고 강요했고, 돈이 부족했던 그는 결국 상대의 심기를 거스르게 됐다.

가해자들은 PC방 1층과 2층, 카운터와 입구 등지에서 M에게 무자비한 폭력을 휘둘렀으며, 나중에는 휴게 공간으로 끌고 가 무려 4시간 동안 각목으로 구타했다. 결국 M은 PC방 2층에서 사망했다. 사건 발생 다음 날, 현지 경찰은 가해자 6명을 형사구류에 처했다. 가해자들은 모두 중학교에 재학 중이거나 휴학 중인 학생이었다.

피해자의 어머니는 아들과 같은 학교의 학생들이 SNS에 올린 글을 기자에게 보여주었다. 가해자들이 오래 전부터 아들을 폭행하고 괴롭혀왔다는 내용이었다. 폭력은 거의 매일 자행됐으며, 겁먹은 피해자가 학교 밖으로 도망친 적이 있다는 폭로도 있었다.

학교폭력사건 관련 통계를 보면 전체 사건의 90퍼센트에서 상해가 발생했으며 사망이 발생한 사건 역시 16.7퍼센트에 육박했다. 성별을 불문하고 다수가 한 명을, 다수가 다수를 괴롭히는 경우가 대부분이었으며 괴롭힘의 방식은 주로 성적, 신체적 모욕이었다. 폭력의 유형은 언어폭력과 구타, 금품 갈취 등이 가장 흔했다. 단순히 상대방이 미워서 폭력을 행사한 경우도 일부 있었다. 가장 심각한 문제는 다분히 목적성 있는 언어적, 신체적 상해를 반복적으로 당하다 보면 어느새 저항할 수도, 도망칠 수도 없게 된다는 점이다.

한국영화 '우아한 거짓말'은 학교 폭력의 희생자와 그의 가족에 관한 이야기다. 학교 친구들에게 괴롭힘을 당한 천지는 사실 아주 오래 전부터 가족에게 도와달라는 신호를 보내고 있었다. 학교에 가기 싫다고도 했고, 엄마에게 다 털어놓으려 하기도 했다. 그러나 천지의 엄마는 이를 대수롭지 않게 여겼고 결국 천지가 목숨을 버린 후에야 극심한 고통 속에서 딸이 구조 신호를 보냈음을 깨닫는다. 하지만 때는 늦은 뒤였다.

장기간 괴롭힘당한 아이는 집에서도 무시당하거나 심지어 폭력의 대상일 가능성이 크다. 사실 이들이 가족에게 괴롭힘당한 사실을 털어놓지 못하는 까닭도 외려 자신이 질책받거나 혼날까 봐 두렵기 때문이다. 같은 이유로 선생님에게도 알리지 못한다. 모든 사람이 무의식적, 혹은 고의적으로 그들의 구조 요청을 무시하는 상황이 만들어지는 셈이다. 잊을 만하면 들려

오는 수많은 학원폭력 사건의 배후에는 예외 없이 절망한 아이들이 있다. 가해자든 피해자든 아이들은 절망하며 사회에 반기를 들고, 절망하며 자살하고, 절망하며 죽임당한다.

가해자는 하나같이 자신이 피해자가 되거나 법망에 붙잡힌 후에나 자신의 악행을 반성한다. 만약 우리가 그들의 왜곡된 심리를 좀 더 일찍 통찰할 수만 있다면 그들이 범죄의 길로 접어들기 전에 즉시 바로잡아서 이 사회에 '악마'가 하나 더 생기는 것을 막을 수 있을지도 모른다.

어떤 상처는 영원히 회복되지 않는다.
아무리 세월이 흘러도 덮어지지 않는 일,
이해할 수 없는 사람도 있다.
이것이 세상의 이치다.

가장 기본적인 선의는 지키되,
어디까지나 자신의 이익을 먼저 생각해야 한다.
용기 내어 내 것을 지키면 결과는 크게 달라진다.

사람 아닌 괴물들에
족쇄를 채우자

〰〰〰〰〰〰〰 선을 지키고 악을 벌하는 것을 사명으로 삼은 사람이 있다. 그는 개구리와 꿀벌을 보호하고 물고기와 거북이를 방생했다. 동시에 빵 조각을 갉아 먹는 쥐, 개구리를 잡아먹는 뱀을 잔인하게 죽이며 가엽게 여기기는커녕 통쾌함을 느꼈다. 이른바 선과 악을 자기 방식대로 이해해서 잔인한 일을 거리낌 없이 자행한 것이다.

진짜 아픔을 겪어본 사람, 진짜 상처를 받아본 사람은 다르다. 생명의 소중함을 알고 훨씬 많은 것을 포용한다. 이러한 포용이야말로 '선'이라 할 수 있다. 이해하기에 애처로움을 느낄 수 있는 법이다.

사람은 육신에 갇혀 있기에 지식과 체험의 한계에 묶이고, 저마다 독특한 편견을 갖게 된다. 이러한 편견에 사로잡힌 집단의 폭력과 모든 비이성적 행위를 이해하고 용인하려면 자아로부터 해탈하는 수밖에 없다. 어떤 사람은 자신이 잔인하고 악독하다는 사실을 모른다. 또 자기가 남에게 상처를 준 것도 다 그럴 만한 이유가 있기 때문이라며 스스로 합리화한다. 아동 성폭행을 주제로 한 한국영화 '소원'을 본 한 누리꾼이 리뷰를 올리며 이런 장면을 예로 들었다.

"어떤 사람과 늙은 어멈이 밥상 앞에 앉아 소원을 화제에 올린다. 어멈은 당근을 씹으며 별일 아니라는 듯 말한다. '옛날에는 그런 일 많았어. 예전에 시골에서는 자주 있는 일이었지. 내가 아는 것만도 몇 개야. 하지만 아무도 그 강간당한 여자아이들을 가엾게 여기지 않았어. 오히려 걸레라느니, 헌신짝이라고 불렀지. 그 애들은 시집가기도 힘들었어. 중매쟁이들도 그 집에는 중신을 서지 않았으니까.'"

이 세상에는 수많은 소원이가 있다. 그중 누구는 겨우 살아남고, 누구는 불행히도 그렇지 못했을 뿐이다. '간접 살인자' 또한 어디든 있다. 그들은 냄새나는 침을 튀기며 헛소문을 퍼뜨리고, 얼음장처럼 싸늘한 경멸의 눈빛을 보내며 피해자를 몇 번이고 찌르고 또 쓰러뜨린다.

맹자는 "측은지심이 없으면 사람이 아니고, 수치심이 없어도 사람이 아니며, 옳고 그름을 아는 마음이 없어도 사람이 아니"라고 했다. 이 세상에는 사람 같지 않은 사람이 얼마나 많은가. 죄가 가장 심각하고 악한 형태로 나타나야만 비로소 그것을 죄로 인정하는 방관자는 또 얼마나 많은가. 좀 모질게 말하자면 단지 죽지 않고 살아남았다는 이유로 사람들은 피해자의 아픔을 가볍게 취급한다. 잔인하지만 이것이 현실이다.

루쉰魯迅은 이렇게 말했다. '우리는 늘 동족끼리 살육과 학대, 모욕, 억압을 자행해왔다. 인간으로서 도저히 견딜 수 없는 고통 또한 겪었다. 매번 시련이 닥칠 때마다 내가 사람 사이에서 살고 있다고 믿기지 않는 순간이 얼마나 많았던가.'

남에게 상처 주는 사람은 자신의 잔인함을 종종 잊는다. 자기가 아팠던 게 아니기 때문이다. 그들의 말을 고분고분히 듣지 않으면, 그들이 바라는 대로 따르지 않으면 어찌하든 미움과 원망의 대상이 될 수밖에 없다. 그들은 전혀 합리적이지 않다. 자신이 좋으면 가지려 하고, 싫으면 철저히 없애려 한다. 당신이 상처받고 고통에 울부짖어도 그들은 당신을 거들떠보지도 않는다. 왜냐하면 자신이 아픈 게 아니기 때문이다.

상처받은 사람은 진실을 알고 싶어 한다. 하지만 상처 준 사람이 가장 알고 싶지 않은 것 또한 진실이다. 이들은 자신이 무슨 일을 저질렀는지에 대한 감각조차 없다. 누군가 일깨워 줘도 대개는 기억하지 못한다. 가엾게도, 그저 상처받은 사람 만이 몇십 년이 지난 뒤까지도 인간 본성에 대한 두려움과 불안함을 안은 채 괴로워할 뿐이다.

　남에게 상처를 자주 주는 사람은 자신이 얼마나 많은 피해자를 만들어냈는지 기억하지 못한다. 그러나 반대로 상처받은 사람은 평생을 기억하며 두려움에 떤다. 어떤 이는 한순간의 감정적 만족을 위해 인간으로서 최소한의 온정마저 저버리고 미친 듯, 잔인하게 상대를 상처 입힌다. 그들이 떠나버린 자리에는 감당하기 힘든 상처를 떠안은 피해자만 남는다.

　한 번 감정에 휩싸이면 도무지 이해할 수 없을 정도로 악랄하게 변하는 사람도 있다. 그럼에도 이들은 자신이 악랄하다는 사실조차 자각하지 못한다. 자기 자신을 객관적으로 볼 줄 모르기 때문이다. 누군가 지적해도 인정하지 않는다. 이들은 철저히 감정의 지배를 받기 때문에 이성적으로 접근해봤자 아무 소용이 없다. 이런 사람 앞에서는 약한 척해도, 비위를 맞춰도, 도망쳐도 소용없다. 그럴수록 이들이 휘두르는 칼은 오히려 더 거세진다.

　아무도 당신의 말에 귀 기울이지 않고 아무도 정의를 지키려 나서지 않는다. 당신은 홀로 그곳에 서서 당연하다는 듯, 마땅하다는 듯 상처받을 수밖에 없다. 몸부림조차 무력하다. 당신을 둘러싸고 상처 주는 사람들은 가장 기본적인 측은지심조차 잃은 듯하다. 아프다고 힘들다고 표현하면 더욱 우습게 여긴다. 심지어 연기하지 말라고 몰아붙인다. 참다못해 화를 내면 기다렸다는 듯 의기양양하게 말한다. "봐, 저 인간도 알고 보니 나쁜 놈이네. 결국 민낯을 드러냈어. 혼자 착한 척하더니 아이고 무서워라, 아이고 흉해라…."

당신이 무너지면 위선을 떤다고 한다. 당신이 다투기를 포기하면 역시 나쁜 놈이라고 단정 짓는다. 이 상황에서 선택할 수 있는 길은 떠나는 것뿐이다. 그러나 실제로 떠날 수 있는 경우는 많지 않다. 대개는 무력감과 좌절감을 안은 채 어찌할 바를 모르고 절망하며 그들에게 계속 상처받을 수밖에 없다. 스스로 착하다고 여기거나 '사실은 너를 위한 것'이라고 생각하는 사람도 있다.

이들은 자신이 당신을 상처 입힐 이유가 전혀 없지 않으냐고 주장한다. 자기가 상처 줬다는 사실을 알아도 인정하지 않는다. 그래야 마음 편하게 '발광'할 수 있고, 여태껏 그래왔듯이 계속 원하는 대로 칼을 휘두를 수 있기 때문이다. 그들은 당신이 잘못했기 때문에 고통받는 것이라며 당신에게 책임을 전가한다. 아무리 죽을 만큼 힘들다고 하소연해도 소용없다. 그들은 잘못을 인정하라며 당신을 계속 몰아붙인다. 하지만 정작 당신이 무엇을 잘못했는지에는 관심 없다.

집단의 비이성적 폭력은 언제 어디서든 나타날 수 있으며 여기서 벗어나거나 싸워 이기는 것은 거의 불가능하다. 나를 이해해주려는 사람이 없으면 더욱 그렇다. 그들은 자신이 몸소 느끼고 겪어보지 못한 일은 인정하기를 거부한다.

그래서 베이징대학 철학과를 졸업해놓고 "여자의 동의 없이 남자 혼자 강간할 수 없다."는 논리로 이 세상에 강간이란 존재하지 않는다고 주장하는 인간이 등장하는 것이다. 그래서 자기 어린 시절에는 아무 문제가 없었고 부모님도 늘 잘해주었다며 자신의 자매가 가정폭력의 희생양이었다는 사실을 부인하는 사람도 나타나는 것이다.

인간은 무지할 때 잔인해진다. 자기가 아파본 적이 없는 사람은 별다른 가책 없이 타인에게 상처를 입힌다. 여기, 더욱 잔인한 사실이 있다.

우리 자신부터가 언제 도살자로 변할지 모른다는 사실이다. 어떤 상처는 영원히 회복되지 않는다. 어떤 상흔은 영원히 잊히지 않는다. 아무리 세월이 흘러도 덮어지지 않는 일, 이해할

함부로 대하기 어려운 사람이 되어라

수 없는 사람도 있다. 사람이 보여준 잔인함과 사악함은 더더욱 희미해지지도, 용서되지도 않는다. 이것이 세상의 이치다.

도살자가 선량한 사람을 향해 칼을 내리칠 때, 남은 사람들은 '간 사람은 가고, 산 사람은 살아야지.'라는 태도로 일관한다. 그러면 어떻게 도살자에게 죄를 묻겠는가? 도살자는 언젠가 반드시 손에 든 칼을 또다시 선한 사람에게 겨눌 텐데, 그때도 자신이 안전하리라고 누가 장담할 수 있겠는가?

튼튼한 자아를 가지는
심리 전략

━━━━━━━━━━ 욕심과 게으름은 인류의 고질병이다. 경제학의 비고객 개념을 빌려 설명하자면, 비고객의 절대다수가 소비 욕구는 있으나 실제 소비를 하지 않는 이유 역시 욕심과 게으름 때문이라고 할 수 있다. 즉, 최저가나 배송비 무료가 아니면 사지 않겠다는 욕심과 직접 찾아오는 서비스가 아니면 만족할 수 없다는 게으름이 이들을 비고객으로 남게 한다는 것이다.

"사람은 선한 본성을 갖고 태어난다."는 말이 있다. 하지만 내 생각에 선함과 악함은 본성보다는 어디까지나 개인의 기본 태도에 가깝다. 누군가는 선한 삶의 태도를 끝까지 지키고 누군가는 지키지 못할 뿐이다. 그런데 선한 사람은 종종 자신을 보호할 생각은 하지 않고 그저 남들이 똑같이 착한 마음으로

함부로 대하기 어려운 사람이 되어라

자신을 이해해주기를 바란다. 그러나 당신의 착한 마음에 '감지덕지'할 사람은 많지 않다. 이런 기대를 갖고 있으면 외려 더 쉽게 상처받는다.

중국의 대표감독 펑샤오강馮小剛의 영화 '방화芳華'의 남주인공 류펑은 어떤 면에서 선량함의 화신과 같은 인물이다. 소문이 진실보다 강하고 무서운 시대에 그의 개인적 의지와 성품은 스스로를 전혀 보호하지 못하며, 집단의 신뢰도 얻지 못한다. 군 예술단에 있는 그는 모두가 하기 싫어하는 더러운 일을 기꺼이 하며, 자신을 필요로 하는 곳이라면 어디든 가서 헌신한다. 그러나 그의 선량함과 헌신에도 불구하고 단지 연모하던 여자에게 고백하다가 끌어안았다는 이유만으로 철저히 바닥까지 끌어내려진다. 그는 엄중한 경고를 받고 '벌목 부대'라는 가장 힘든 부대로 보내진다.

평소 그에게 많은 도움을 받은 사람들까지 그를 멀리하는 가운데 오로지 여주인공인 샤오펑만이 류펑의 선량함을 알아보고 소중히 여긴다. 샤오펑 역시 어려서부터 괴롭힘을 당했으며, 군 예술단에 들어온 후에 줄곧 따돌림의 대상이 된다. 그런 그녀를 도와주고 돌봐준 사람이 바로 류펑이었다. 그랬기에 군 예술단 사람들이 곤경에 처한 류펑에게 돌을 던지는 모습을 보며 샤오핑은 차가운 인간성에 철저히 실망한다. 그리고 자신의 헌신과 선량함을 진짜 필요한 사람에게 베풀기 위해 자원해서 최전방으로 향한다.

류펑이 한 선량한 일은 무엇이었는가? 군 예술단에 있을 때 그는 취사 반장을 위해 소파를 털고, 아무도 먹지 않는 터진 만두를 먹었으며, 무대 커튼을 수선했다. 식당의 부서진 의자를 수리하고, 세탁기의 막힌 호스를 뚫는 것도 그의 일이었다. 그야말로 아무나 그를 부릴 수 있었다. 그렇다면 이런 일들은 류펑만이 할 수 있는 일이었을까? 아니다.

그가 벌목 부대로 좌천된 뒤로도 군 예술단은 변함없이 굴러갔으며, 그가 하던 잡일은 금세 다른 사람이 맡았다. 물론 모범병사로 표창을 받았을 때도, 억울하게 좌천되었을 때도 류펑의 착한 마음은 전혀 변하지 않았다. 그러나 착하다고 해서 그의 삶이 더 나아지지도 않았다. 오히려 그를 배척한 사람들이 그보다 훨씬 잘 살았다.

자신의 선량함을 맹목적 희생으로 나타내는 사람은 집단적 악의의 희생양이 될 수밖에 없다. 알고 보면 지나치게 선량한 사람도, 지나치게 악의에 차 있는 사람도 모두 원 가족에서 깊은 영향을 받았을 가능성이 높다. 이들의 성장 과정은 놀랍도록 흡사하다. 내내 불행했거나, 가정에 갑작스럽게 큰 변화가 생겼거나, 오랜 기간 어렵게 생활해왔거나 하는 식이다.

다른 점이라면 전자는 자신을 희생하여 세상의 환심을 사려 하고, 후자는 분노를 발산해서 세상에 복수하려 한다는 것뿐이다. 전자는 결국 집단적 악의에 희생당하고 후자는 더 많은 무고한 사람에게 상처를 준다.

도리를 중시하는지, 선한 사람이 되고자 하는지, 버스나 지하철을 탈 때 자리를 양보하는지, 넘어진 노인을 도와주는지…. 이는 모두 개인의 생활태도 및 양심과 관련된 현실적 문제다. 도덕은 선악을 기준으로 개인과 개인, 개인과 사회의 관계를 구속하는 행동규범이다. 그런데 도덕의 기준이 선악이라면 선악의 기준은 무엇일까?

사실 사람의 본성은 선하지도 악하지도 않다. 유일한 본성은 자신을 이롭게 하고자 하는 마음뿐이다. '이기利己', 즉 자신을 이롭게 하려는 마음은 누구에게나 있기에 선악이 아니라 '이기'야말로 진정한 본성이라 할 수 있다. 행동의 동기와 목적도 모두 자신을 이롭게 하는 것이다. 따라서 남에게 유익을 줄지, 해를 끼칠지는 모두 '이기'로 향하는 과정에서의 행동과 수단에 불과하다.

자신의 이익이라는 목적을 이루기 위해 이해득실을 따진

셈법의 결과일 뿐이다. 셈법은 지성과 관련된 문제다. 심성, 다시 말해 선악의 마음과는 아무런 상관이 없다. 가장 기본적인 선의는 지키되, 자신의 행복을 담보로 불필요한 희생을 하지는 마라. 어디까지나 자신의 이익을 먼저 생각해야 한다.

좋은 사람을
길러내는 방법

〰〰〰〰〰〰〰〰 '동곽선생과 늑대'라는 중국 전래동화
가 있다. 동곽선생은 착한 마음으로 나쁜 늑대를 구해주었다
가 오히려 잡아먹힐 뻔한다. 현실에도 선의로 도와준 사람이
도리어 악의를 품고 해를 입히는 경우가 종종 발생한다. 물론
곤경에 처했을 때는 누구나 불쌍하고 가여운 모습을 꾸며낸
다. 그래야 다른 사람의 연민을 얻고 도움을 받을 수 있기 때
문이다.

그런데 도움을 받고 난 이후의 모습은 사람마다 사뭇 다르
다. 누군가는 고마워서 어쩔 줄 모르지만 누군가는 반대로 '악
한 마음'을 품고 도와준 사람을 외려 해친다. "물에 빠진 사람
구해주니 보따리 내놓으라 한다."는 속담이 괜히 생긴 게 아
니다.

A는 평소처럼 퇴근해서 집으로 향하는 길이었다. 그런데 어디선가 "도둑 잡아라!"라는 날카로운 비명이 들렸다. 돌아보니 한 여자와 남자가 실랑이를 벌이고 있었다. A는 생각할 겨를도 없이 달려들어 남자를 제압했다. 소매치기였다. 소매치기는 A에게 붙잡히자마자 여자에게 지갑을 돌려주고는 싹싹 빌기 시작했다.

"형님, 형님! 잘못했습니다. 맹세코 이번이 처음이었습니다. 제발 놔주세요!"

마음이 약해진 A는 그를 놓아주며 말했다.

"앞으로 다신 이런 짓 하지 마세요."

소매치기는 어디론가 쌩하니 사라졌다. A가 여자의 안전을 확인하고 다시 길을 가는데, 얼마 안 가 골목길에서 괴한 두 명이 튀어나와 그를 덮쳤다. 그중 한 명은 아까 그 소매치기였다. 패거리를 끌고 와서 무자비한 폭행을 당했다. 하지만 더 기가 막힌 사람은 소매치기를 당할 뻔한 바로 그 여자였다. 그녀는 자신을 도와준 A가 얻어맞는 모습을 똑똑히 보고도 보복 당할까 두렵다는 이유로 경찰에 신고하지 않은 채 혼자 도망쳐버렸다.

사람을 돕는 것 자체는 잘못이 아니다. 잘못된 사람을 도와준 것이 잘못이다. 제대로 된 사람을 도와주면 감사와 보답을

함부로 대하기 어려운 사람이 되어라

받을 수 있다. 하지만 도와준 사람이 악인이라면 감사는커녕 불필요한 피해, 심지어 심각한 타격까지 입을 수 있다.

얼마 전 대만에서 한 청년이 바다에 빠진 여자아이를 구하고 정작 자신은 목숨을 잃는 일이 벌어졌다. 그런데 여자아이의 엄마는 혹시라도 손해배상을 요구받을까 봐 두려웠는지 청년이 아이를 구했다는 사실을 부정했다. 자기 딸은 수영할 줄 알기 때문에 굳이 구해줄 필요가 없었다는 것이다. 은혜 모르는 이 여성은 자기 딸의 목숨을 구한 청년의 의로운 행동을 '쓸데없는 참견'으로 비하했다.

그런가 하면 고등학교 3학년 남학생이 여학생 기숙사에서 같은 반 여학생을 찔러 사망하게 하는 사건이 터졌다. 돈을 빌려주지 않았다는 게 살해 동기였다. 가해자는 평소 피해자에게 자주 돈을 빌렸다고 한다. 그런데 그날은 웬일로 피해자가 돈 빌려주기를 거절했고, 이에 앙심을 품어 칼을 휘둘렀다는 것이다. 솔직히 고등학생이 돈이 있으면 얼마나 있겠는가. 매번 도와주다가 단 한 번 거절했을 뿐인데 그 때문에 목숨을 잃다니, 이 얼마나 억울한가.

'장거江歌 피살 사건'도 비슷한 경우다. 일본에서 유학 중이던 중국인 여학생 장거는 친구인 류신을 돕다가 처참한 죽음을 맞았다. 사건 발생 전, 류신은 동거 중이던 남자친구와 싸우고 집을 나왔고 장거는 갈 곳이 없어진 류신을 자기 집에 머물게 해주었다. 그런데 류신의 남자친구가 그녀의 집까지 찾아왔고, 장거는 류신 대신 남자친구를 막아서다가 그만 그에게 살해당하고 말았다.

그러나 사건이 발생한 후, 류신은 장거의 죽음이 자신과 관계없는 일이라며 선을 그었다. 만약 장거의 어머니가 인터넷을 통해 사건의 전모를 폭로하지 않았더라면 배은망덕한 류신은 지금까지도 자신의 책임을 인정하지 않았을 것이다.

친구가 어려움에 처했다면 도와야 한다. 그러나 자기 힘이 부족하고 자신을 보호할 대책이 없는 상태에서 스스로 위험한 지경에 몰아넣는 것은 어리석은 짓이다. 군자는 곧 무너질 듯 위태한 담장 아래 서지 않는다고 했다. 몇 번 보지도 못한 낯선 남자라면 마땅히 경계하고 조심했어야 한다. 그러나 장거를 그렇게 하는 대신 위험을 무릅썼고, 결국 최악의 결과를 맞았다.

"죽은 요숭이 살아 있는 장열을 이기다."라는 유명한 이야기를 아는가? 이 이야기가 유명한 까닭은 그 안에 인간의 심리를 꿰뚫은 심오한 기지가 담겨 있기 때문이다. 아무리 선하고 훌륭한 사람이라도 모든 사람과 잘 지낼 수는 없는데, 장열과 요숭이 그랬다. 두 사람은 모두 당나라의 명신이자 뛰어난 재상이었다.

요숭은 두 번, 장열은 세 번 재상 자리에 올랐는데 아무래도 서로 번갈아가며 같은 관직에 오르락내리락하다 보니 의견이 갈리는 일이 잦았다. 세월이 흐르면서 둘은 결국 서로를 눈엣가시처럼 여기게 됐다. 그렇게 나쁜 감정과 앙심이 꼬리에 꼬리를 물었고, 마침내 상대를 죽여 후환을 없애고 싶어 하는 지경까지 이르렀다.

하지만 먼저 세상을 떠날 사람은 요숭이었다. 죽기 전, 요숭은 남겨질 가족을 걱정했다. 자신이 죽고 나면 장열이 자기 가족을 멸문시킬 것이 뻔했기 때문이다. 가족 중 산 사람이 한 명만 있어도 끝까지 포기하지 않을 게 분명했다. 요숭은 병상에 누운 채 아들을 불러 말했다.

"나와 장열은 사이가 좋지 않으며 앙심도 깊다. 내가 죽고 나면 분명히 너희를 해하려 할 것이다. 그런데 장열은 어려서부터 사치를 좋아했고, 특히 귀한 보물을 좋아했다. 그러니 내가 죽고 나면 장례식장에 내가 평생 모아둔 보물을 벌려두어라. 만약 조문하러 온 장열이 그것을 쳐다보지도 않는다면 최대한 빨리 도망쳐서 온 가족이 살길을 도모해라.

하지만 그가 관심을 보인다면 재빨리 보물 몇 개를 그에게 바치고 내 비문을 지어달라고 청해라. 그리고 그가 비문을 지어주거든 곧장 황제에게 올려 보이고, 좋은 비석을 마련해두 었다가 황제가 그 비문을 확인하는 즉시 새겨야 한다. 그러면 우리 가족 모두가 살 수 있다. 장열은 항상 나보다 일을 늦게 파악했으니, 아마 수일이 지난 후에 반드시 후회하며 그 비문을 돌려달라고 할 것이다. 그러면 이미 비석에 새긴 비문을 보여주고 황제에게 벌써 허락을 받았다고 말해라."

요숭이 죽었다는 소식을 들은 장열은 득달같이 달려왔다. 표면적 이유는 조문이었지만 사실은 원수가 죽은 꼴을 보기 위해서였다. 요숭의 아들은 장열을 먼저 보물이 가득 전시된 방으로 안내했다. 그곳에는 장열이 좋아하는 진기한 골동품도 있었다. 장열은 눈을 반짝이며 보물을 하나씩 자세히 살펴보 았다. 요숭의 아들은 그 틈을 타 아버지가 이 보물들을 장열에 게 주라는 유언을 남겼다고 말했다. 그 말을 곧이곧대로 들은 장열은 뛸 듯이 기뻐하며 보물을 챙겼다.

한껏 만족한 기분으로 장열이 떠나려는데, 요숭의 아들이 종이와 먹을 내밀며 아버지를 위해 비문을 써달라고 부탁했다. 물론 장열은 전혀 써주고 싶지 않았다. 철천지원수의 명복을 비는 비문을 쓰려니 영 내키지 않았다. 하지만 받은 게 있는 터라 무작정 거절하기도 애매했다. 결국 장열은 어쩔 수 없이 비문을 써주었다.

며칠 후, 뒤늦게 아차 싶어진 장열은 서둘러 하인을 보내 비문을 찾아오라고 했다. 장열의 하인은 요숭의 아들을 찾아가 말했다. "죄송합니다만 저희 주인께서 비문의 몇 글자를 잘 못 썼다고 하십니다. 돌려주시면 다시 써드리겠습니다."

그러자 요숭의 아들이 깜짝 놀라는 척했다. "저런, 장대인께서 조금 더 일찍 말씀하셨으면 좋았을 것을. 비문은 이미 황제의 윤허를 받고 석공에게 보냈답니다. 아마 벌써 비석에 새겨졌을 텐데요⋯." 그 말을 전해 들은 장열은 자신이 요숭의 꾀에 완전히 넘어갔다는 사실을 깨닫고 탄식했다. 비문을 써주었다는 것은 자신이 요숭에게 호의를 보였다는 의미인데, 이제 와서 그의 가족을 해칠 수는 없기 때문이다. 결국 장열은 어쩔 수 없이 좋은 사람인 척하며 요숭의 가족을 놓아주었다.

서양에서 널리 알려진 이야기를 하나 소개할까 한다. 주인공은 토미라는 아이다. 어느 날, 유치원에서 돌아온 토미를 본 엄마는 깜짝 놀랐다. 얼굴 여기저기에 멍이 들어 있었기 때문이다.

"토미! 누구랑 싸운 거니?"

토미는 울면서 말했다.

"닉이요. 자기보다 키가 작다면서 일부러 나를 괴롭혀요."

아들이 유치원에서 괴롭힘을 당한다니, 어떻게 하면 좋을지 엄마는 잠시 고민하다가 좋은 생각을 떠올렸다. 다음날, 엄마는 달콤한 케이크를 만들어 토미에게 주었다.

"아들, 오늘 유치원에 가면 이 케이크를 닉에게 주면서 친구가 되어보렴."

케이크를 주자 과연 닉은 토미를 괴롭히지 않았다. 하지만 그다음 날, 토미는 또다시 얼굴이 엉망이 되어 돌아왔다. 엄마가 깜짝 놀라 물었다.

"아들! 닉에게 케이크를 주지 않았니? 너를 왜 때린 거야?"

그러자 토미가 울먹이며 말했다.

"닉이 또 케이크가 먹고 싶대요."

엄연히 말하면 이 사회가 '불량배'를 만들어낸다. 그렇게 버릇을 들이는 것이다. 처음에 그들은 조폭처럼 겉모습만 무섭게 꾸미고 허장성세를 부리며 상대를 위협한다. 이런 사람을 만나면 사람들은 보통 피해 입지 않기 위해 타협하거나 도망치는 편을 택한다. 그들에게 남을 위협하거나 괴롭혀도 자신은 손해를 보지 않는다는 잘못된 신호를 주는 셈이다.

이런 잘못된 신호가 계속 쌓이다 보면 일종의 고정된 사고방식이 생겨난다. 폭력을 휘두르고 공포감을 조성해서 남을 굴복하게 만들기만 하면 얼마든지 자신이 원하는 것을 얻을 수 있다는 사고방식 말이다. 그들은 이러한 행동방식으로 사회를 휘젓고 다니며 마침내 불량배로 길러진다. 이런 불량배를 제압할 유일한 방법은 법의 심판을 받게 하는 것뿐이다.

그렇다면 어떻게 해야 좋은 사람을 만들어낼 수 있을까? 먼저 아주 작은 일이라도 좋은 일을 하게 하고, 그에 걸맞은 피드백과 보상을 주어야 한다. 다시 말해 좋은 사람에게 유리한 사회적 밑천을 마련해야 한다. 한 번이라도 선함의 가치를 맛본 사람은 쉽게 악인의 길로 들어서지 않는다. 선함에 정당한 보상을 주고 악함에 먹이를 던져주지 않는 것, 이것이 바로 좋은 사람을 길러내는 방법이다.

사람은 좋은 사람과 나쁜 사람으로 나뉜다.
좋은 사람이 나은 점은
밤에 좀 더 편안히 잘 수 있다는 것뿐,
깨어있는 시간을 충분히 누리는 쪽은 나쁜 사람이다.

아무리 훌륭해도 모든 사람과 잘 지낼 수는 없다.
또 아무리 노력한들 모두를 만족시키는 것은 불가능하다.
그러니 도덕적 속박에 얽매여 자신을 희생하지 마라.
삶의 모순을 받아들이면 그 자체로 위로다.

부디 착한 사람으로
남길!

〰〰〰〰〰〰〰 어느 날, L은 회사에서 자신에 대해
이상한 이야기가 돈다는 사실을 알게 됐다. '가볍고 헤픈 여자'
라는 소문이었다. 대체 그런 낯 뜨거운 소문이 어디서 시작됐
는지 도무지 알 수가 없었다. 평소 몸가짐이 조심스러운 그녀
였기에 더욱 황당했다. 그러다 그녀를 딱하게 여긴 사람이 누
가 소문을 퍼뜨렸는지 몰래 귀띔해주었다. 놀랍게도 그녀가
평소 호감을 갖고 있던, 심지어 약간 좋아하기까지 한 남자 직
원이 소문의 진앙지였다.

"그 사람이 원망스럽지 않았나요?"

나의 질문에 그녀는 눈물을 머금었다.

"아뇨, 화조차 나지 않았어요. 그냥 완전히 갈라진 느낌만
들더라고요. 처음엔 한바탕 욕을 퍼부어주고 싶었지만 나중에

는 오히려 내가 알고 있다는 사실을 그 사람이 알까 봐 무서워
졌어요. 알면 뭐해요, 이야기할 사람만 한 명 더 줄어들 뿐인
데."

그녀는 아무리 생각해봐도 그가 왜 그런 소문을 퍼뜨렸는
지 알 수가 없다고 했다. 그리고 가장 믿었던 사람이 자신을 이
렇게 매도할 줄은 꿈에도 생각하지 못했다며 쓸쓸하게 웃었다.
인생이란 이렇게 어이없이 상처를 받기도 한다. 사실 살다 보
면 사소한 오해나 갈등, 가벼운 모욕 정도는 누구나 경험하기
마련이다. 다만 워낙 미미해서 깊이 신경 쓰지 않을 뿐이다.

하지만 어떤 오해와 모욕은 평생 잊을 수 없는 깊은 상처를
남긴다. 그리고 어떤 상황에서든 우리 앞에 놓인 선택지는 많
지 않다. 받아들이거나, 거절하거나, 진상을 찾거나. 그러나 진
상을 속속들이 파악하는 일은 엄청난 노력과 에너지가 필요한
데다 반드시 소득이 있으리라고 장담할 수 없기 때문에 대개는
어쩔 수 없이 받아들이거나 거절하는 것 중 하나를 택한다.

일본에서 발생한 흉악한 범죄 사건 중 개인적으로 가장 인
상 깊은 것은 이치하시 다쓰야市橋達也의 영국 여성 강간 살인
사건이다. 범인은 2년 넘게 도주하다 잡혔는데, 당시 일본에서
는 피해자의 아버지가 범인을 용서해야 한다는 목소리가 높았

다. 도주 기간 동안 충분히 많이 고생했다는 게 이유였다. 범인은 잡히지 않기 위해 성형수술까지 감행했지만 잡히고 나서는 후회하는 모습을 보였고, 이에 동정 여론마저 일었다. 그러나 법정에 선 피해자의 아버지는 절대 범인을 용서할 수 없다며 법정 최고형을 선고해줄 것을 강력히 요구했다. 그리고 이렇게 덧붙였다.

"내 딸이 흙바닥에 무릎 꿇고 살려달라고 애원했을 때, 그 인간은 일말의 연민도 베풀지 않았습니다."

인터넷 댓글을 보면 각종 학교폭력이나 가정폭력 사건 기사 밑에 "남을 용서해야 자신이 편해진다."느니 "뭣 모르는 시절에 저지른 잘못을 평생 갚게 하는 것은 지나치다."는 식의 댓글이 종종 달린다. 이런 댓글을 볼 때마다 나는 그런 소리를 지껄인 사람의 뺨을 후려치고 싶은 충동을 느낀다. 악인은, 가해자는 피해자에게 일말의 연민도 베풀지 않았는데 어째서 피해자에게만 용서를 강요하는가? 아무 고통도 겪지 않은 구경꾼들이 피해자에게 어떻게 감히 용서하라, 마라 요구할 수 있단 말인가?

특히 가해자가 청소년인 경우 '아직 철이 없어서', 혹은 '몰라서' 그런다며 두둔하는 사람들이 있는데 사실 모르는 게 가장 큰 문제다. 그러니 최소한의 지각도 없이 나쁜 짓을 저지른 게 아닌가. 게다가 알고 보면 철이 없어서 나쁜 행동을 하는 것도 아니다. 오히려 고의적으로 사회와 부모가 자신의 비행을 어디까지 용서해주고 받아주는지 시험하는 미성년 범법자도 많다.

수많은 소년범이 범죄를 저지르기 전에 인터넷에서 관련 법규를 자세히 찾아본다. 자신이 어떤 범죄를 저질렀을 때 어느 정도로 처벌받는지 미리 알기 위해서다. 실제로 절도나 강도, 고의 살인 등 대부분의 범법 행위에서 미성년자가 성인보다 가벼운 처벌을 받는다. 그래서 미성년 범법자는 더욱 대담하고 거칠 것 없이 범죄를 저지른다. 심지어 어떤 소년범은 대놓고 이렇게 이죽거렸다고 한다.

"감옥 한번 다녀오면 훈장 하나 다는 거죠, 뭐."

만약 우리가 이런 악인에게 관용을 베풀면 그 관용은 우산이 되어 이들을 법의 정당한 심판으로부터 가려주고, 마침내 칼이 되어 우리의 목덜미를 겨눌 것이다.

'디스 워 오브 마인This War of Mine'이라는 게임을 아는가? 민간인의 입장에서 겪는 전쟁의 참상을 보여주는 생존 게임이다. 살다 보면 이 게임처럼 정보가 통제되고 물자가 부족하며 폭력이 횡행하는, 무질서하고 무도덕한 상황에 홀로 맞서야 하는 때가 올 수도 있다. 당신이 경험할 모든 것, 심지어 죽음까지도 임의적이고 예측 불가하며 불가항력적이다. 게다가 마음대로 빠져나갈 수도 없다. 어쩌면 이것이야말로 많은 사람이 어쩔 수 없이 직면하게 되는 인생의 민낯인지도 모른다.

비바람이 몰아치는 인생길, 그러나 부디 당신과 나는 선량함을 영원히 간직할 수 있었으면 좋겠다. 오해받을 때는 나를 보호할 수 있는 마음 한 조각을 지키고 악의적인 말에 상처받지 않았으면 좋겠다. 그리고 모든 악한 행동에 절대 관용을 베풀지 않는 우리가 되기를, 간절히 바라고 또 바란다.

부드럽지만 강단 있게,
착하지만 단호하게

～～～～～～～ 성격은 좋은데 좀처럼 거절할 줄 모르는 착한 사람이 있다. 나 역시 그랬다. 착한 사람이 되면 좋은 친구가 많이 생길 줄 알았다. 그러나 현실은 달랐다. 나같이 '착한 사람'은 진짜 친구보다는 이용하려는 사람을 더 많이 만난다. 우정을 나누기보다는 괴롭힘을 당했고, 기쁨보다는 고통과 슬픔을 더 자주 느꼈다. 착함은 애정 결핍, 자기 비하, 나약함, 외로움, 편집증, 고립과 괴롭힘의 다른 말이다.

《착하게, 그러나 단호하게》를 출간한 후 이 세상에 얼마나 많은 이가 어둠에 갇혀 있는지 알게 되었다. 직장에서는 상사에게 억눌리고 부하에게 치인다. 가정에서는 욕설과 원망, 심지어 구타까지 당한다. 친구 사이에 안 좋은 소리를 들을까 봐 제대로 거절하지 못하다가 혼자 마음고생하기도 한다. 아무리 답답해도 어디 털어놓을 곳도 없다. 믿을 만한 사람도 없고, 당신의 이야기에 귀 기울여줄 사람도 없다.

맞서 싸우지 못한 이들은 결국 우울증, 불면, 고립감에 시달린다. 인간관계에서 재앙이나 다름없는 문제를 계속 겪는 까닭은 당신이 '경계 없이' 착하기 때문이다. 말이 좋아 착한 것이지, 사실은 호구 잡혔기 때문이다. 누군가 괴롭힘을 당한 끝에 목숨을 끊었다는 소식이 전해지면 네티즌은 저마다 자신이 직접 겪었거나 보고 들은 온갖 사례를 공유한다. 대개 사례 속 가해자는 자신의 저지른 모든 죄악을 잊고 잘 살지만 피해자는 끝없는 고통 속에 헤매기 마련이다.

수면제도 먹어보고, 손목도 몇 번 그어본 사람으로서 나는 괴롭힘을 당한 이가 어떤 절망에 빠지는지 잘 안다. 하지만 이들을 더욱 힘들게 하는 것은 그런 자신을 이해해주지 않는 사람들이다. 나도 다 안다며, 네 입장은 충분히 이해하지만 그 정도로 심각한 일은 아니라며 네가 참을성이 부족한 것 같다고 쉽게 말하는 사람들이다.

"다 너를 위해서 하는 말이야. 왜 잘해준 일은 기억하지 못하니?"라는 식으로 위안하는 사람들이다. 이들이 쉽게 말하는 이유는 당사자가 아니기 때문이다. 자신은 아프지 않기 때문이다. 이들은 결코 상처받은 사람을 어루만지지 못한다.

선량함은 나약함도, 거절할 줄 모르는 것도, 남에게 이용당하는 것도 아니다. 착한 사람이되, 자신만의 원칙과 성질을 가져야 한다. 이것이 내가 가장 하고 싶은 말이다.

"미안하지만 도와줄 수 없어요." 나를 자꾸 곤란하게 만드는 사람에게 이렇게 말하라. 과감히 거절하라. 조금은 대하기 어려운 사람이 되어라. 그래야 약자에게 강한 사람들이 함부로 하지 못한다. 잘 거절하는 사람이 되어야 한다. 그래야 속이 검은 사람에게 이용당하지 않는다. 자신만의 원칙을 가져야 한다. 그래야 살다가 눈물 삼키는 일을 피할 수 있다. 부드러운 동시에 힘 있는 사람, 착하면서도 원칙이 있는 좋은 사람이 되기를 바란다.

부드럽지만 강단 있게, 착하지만 단호하게

지은이 무옌거慕颜歌
200만 독자의 삶을 영리하게 바꾼 상담 심리 전문가

어린 시절 가족에게 받은 상처를 이겨내고 베스트셀러 작
가가 되었다. 착했을 뿐인데, 사람들에게 이용당하고 너덜너
덜해지자 그들이 차라리 자신을 미워하며 멀어지게 내버려두
었다. 합리적으로 거절하고 원칙 있는 선의를 베풀게 된 그의
삶은 훨씬 쾌적해졌다. 그 용기와 깨달음을 풀어낸 《착하게,
그러나 단호하게》는 '아마존 중국 베스트셀러 종합 1위'에 오
르며 200만 부 넘게 판매되었다. 국내 출간 즉시 자기계발 분
야 베스트셀러 1위를 하면서 '가시 돋친 선량함'으로 인간관계
를 재구성하려는 열풍을 일으켰다.

《남들이 나를 함부로 하지 못하게 하라》는 2년간 애타게 기
다려온 전 세계 독자들을 위한 보답이자 더 깊은 성찰로 무장

한 생존지혜서다. "친절이란 거절하고 맞서 싸울 수 있어야 한다."고 말하는 저자는 착하기만 한 사람들이 '함부로 대하기 어려운 사람'으로 거듭나게 한다. 이들은 남에게 의존하지 않고, 어딘지 모르게 대하기 어려운 기품을 지니며, 과감히 대항하는 힘을 갖고 있다.

사랑을 핑계로 상처 주는 가족들, 한 번 도와주면 계속 일을 떠넘기는 동료들, 만만하다고 짜증 부리는 친구들, 호의가 권리인 줄 아는 사람들에게는 자신만의 원칙을 내세우고 초연한 태도로 일관하라. 이 책을 통해 당신은 있는 그대로의 모습대로 살면서 사람을 대하는 확고한 원칙을 세우게 될 것이다.

남들이 나를 함부로 하지 못하게 하라

2020년 12월 2일 초판 1쇄 | 2022년 3월 24일 8쇄 발행

지은이 무엔거
펴낸이 최세현 **경영고문** 박시형

책임편집 김유경 **디자인** 정아연
마케팅 권금숙, 양근모, 양봉호, 이주형, 신하은, 정문희
디지털콘텐츠 김명래 **해외기획** 우정민, 배혜림
경영지원 홍성택, 이진영, 임지윤, 김현우
펴낸곳 ㈜쌤앤파커스 **출판신고** 2006년 9월 25일 제406-2006-000210호
주소 서울시 마포구 월드컵북로 396 누리꿈스퀘어 비즈니스타워 18층
전화 02-6712-9800 **팩스** 02-6712-9810 **이메일** info@smpk.kr

ⓒ 무엔거(저작권자와 맺은 특약에 따라 검인을 생략합니다)
ISBN 979-11-6534-260-9(03320)

쌤앤파커스(Sam&Parkers)는 독자 여러분의 책에 관한 아이디어와 원고 투고를 설레는 마음으로 기다리고 있습니다. 책으로 엮기를 원하는 아이디어가 있으신 분은 이메일 book@smpk.kr로 간단한 개요와 취지, 연락처 등을 보내주세요. 머뭇거리지 말고 문을 두드리세요. 길이 열립니다.